Cres und Lošinj

Der praktische Reiseführer

für Ihren Inseltrip

Impressum:

Copyright © 2018 by arp

Ausgabe Januar 2023

Herausgeber by arp

Ledererstraße 12, 83224, Grassau, Deutschland

info@by-arp.de

Covergestaltung by arp

Coverfoto: Blick auf die Maria-Verkündigungs-Kapelle in Veli Lošinj

Fotos und Text Angeline Bauer

www.by-arp.de

Inhaltsverzeichnis:

Vorwort

Dieser Reiseführer ist ein praktischer Begleiter für Ihren Inseltrip. Wir beschreiben Land und Leute, informieren Sie über Geschichtliches und die vorhandenen Sehenswürdigkeiten. Erwarten Sie jedoch nichts Spektakuläres. Es handelt sich um Zeugnisse der Vergangenheit, Landschaften, Pflanzen oder Tiere, die den Charme der Inseln ausmachen. Dazu kommen wichtige Adressen, Links und Telefonnummern, die Ihnen in der Vorbereitungsphase für Ihre Reise mühevolles Recherchieren ersparen.

Zur besseren Übersicht haben wir den Reiseführer in zwei Bereiche aufgeteilt. Wir beginnen mit Cres im Norden und führen Sie von da aus südwärts. Ebenso auf Lošinj. Wir haben uns bewusst dafür entschieden, die Ortschaften in Reihenfolge zu beschreiben, denn wer auf einer Insel eine Rundfahrt macht, springt nicht von hier nach da, sondern fährt eben weiter zum nächsten Ort.

Sogenannte 'Geheimtipps' finden Sie bei uns nicht. Beide Inseln sind ein 'kleiner Ort'. Hier ist alles bekannt, unentdeckte oder unerforschte Ecken gibt es nicht. Zudem wäre ein Geheimtipp, der in einem Reiseführer steht, keiner mehr. Auch empfehlen wir weder Hotels noch Restaurants (letztere nur in Ausnahmefällen), denn wir wären genötigt, all diese Betriebe ständig neu zu beurteilen.

Dass Sie in unserem Reiseführer nur verhältnismäßig wenige Farbfotos und kein Kartenmaterial vorfinden, hat folgenden Grund: Die Lizenz für Kartenmaterial sowie der Druck von Farbfotos sind sehr teuer. Würden wir Karten und mehr Fotomaterial einbinden, würde sich das ganz enorm auf den Kaufpreis auswirken. Die Reiseführer müssten also sehr teuer werden, und das würden Sie nicht bezahlen wollen. Große Verlage können viel Fotomaterial einfügen, weil sie hohe Auflagen erzielen. Mit einer Insel wie Krk lassen sich aber keine hohen Auflagen erzielen, also beschäftigen sich große Verlage gar nicht erst mit diesem Reiseziel. Auch uns bleiben vom Verkaufspreis nur Centbeträge, sodass sich genaugenommen die ganze Arbeit nicht lohnt. Umso mehr haben wir diesen Reiseführer mit Herzblut geschrieben und uns bemüht, unseren Lesern die Insel näherzubringen und die nötigen Informationen für einen schönen und interessanten Urlaub an die Hand zu geben.

Damit Sie sich trotzdem Fotos ansehen können, haben wir ein 'Fotoalbum' ins Internet gestellt (siehe unten). Und Kartenmaterial erhalten Sie in jeder Touristeninfo, meist sogar kostenlos!

Da sich Gegebenheiten von einem Tag auf den anderen ändern können, freuen wir uns, falls Sie etwas anders vorfinden, als von uns beschrieben, über Ihre Rückmeldung.

Tipp: *Lesen Sie die informativen Artikel am Ende dieses Reiseführers bereits vor Abreise, damit Sie sich auf die örtlichen Gegebenheiten einstellen können und vor unangenehmen Überraschungen sicher sind. Da sich Preise und Öffnungszeiten von touristischen Einrichtungen jederzeit ändern können, geben wir Adressen oder Telefonnummern an, damit Sie sich selbst erkundigen können.*

Lust auf einen Fotostreifzug über die Inseln?

Cres: https://www.flickr.com/photos/149278863@N02/sets/72157688730351352

Lošinj: https://www.flickr.com/photos/149278863@N02/sets/72157689911093971

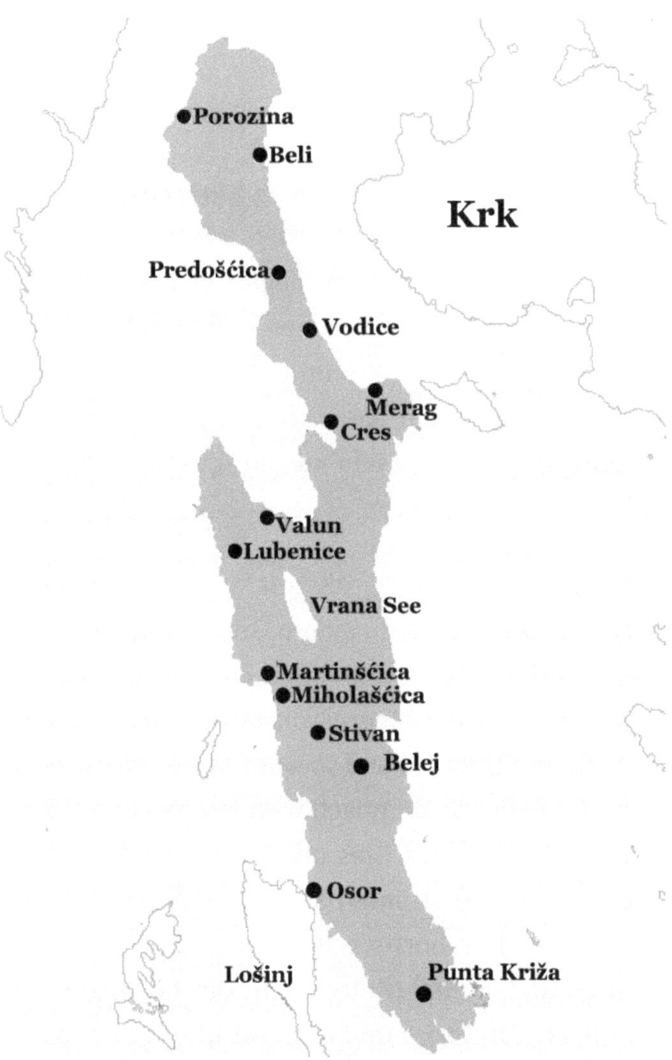

Porozina
Beli
Krk
Predošćica
Vodice
Merag
Cres
Valun
Lubenice
Vrana See
Martinšćica
Miholašćica
Stivan
Belej
Osor
Lošinj
Punta Križa

Die Insel Cres

Wissenswertes über Cres und Lošinj

Die Inseln geologisch betrachtet

Die Inseln Cres und Lošinj liegen in der Kvarner-Bucht zwischen der kroatischen Halbinsel Istrien im Westen und der Insel Krk im Osten. Cres wird Zreß ausgesprochen, Lošinj spricht man Loschin – Krk wird im Übrigen mit einem sehr kurzen I gesprochen, also Kirk.

Die vielen kleinen und größeren Inseln der Kvarner-Bucht gehörten einst zu einem Gebirgszug am östlichen Rand der Adria. Durch die Eisschmelze um 12 000 v. Chr. stieg der Meeresspiegel jedoch um knapp einhundert Meter an, und so wurden die Täler dieses Gebirges geflutet. Demnach wundert es auch nicht, dass die Strände auf Cres und Lošinj zumeist felsig oder steinig (Kiesstrände) sind. Sandstrände findet man kaum. Der höchste Berg auf Lošinj heißt O-soršćica und ist 588 Meter hoch. Der höchste Berg auf Cres heißt Gorice und ragt 648 Meter über dem Meeresspeigel auf.

Cres ist die nördliche, Lošinj die südliche der beiden Inseln, die ursprünglich aneinander festlagen. Doch vor etwa 2000 Jahren zogen die Römer, um den Seewege für Boote und kleinere Schiffe zu verkürzen, bei Osor einen etwa 100 Meter langen und elf Meter breiten Kanal. Seither sind Cres und Lošinj voneinander getrennt. Eine drehbare stählerne Brücke ermöglicht den Autoverkehr zwischen beiden Inseln. Sie wird morgens um neun Uhr und nachmittags um siebzehn Uhr geöffnet, um Booten die Durchfahrt zu ermöglichen.

Mit nur 75 Quadratkilometern und einer Länge von 31 Kilometern ist Lošinj bedeutend kleiner als Cres. Doch leben auf Lošinj knapp 8000 Einwohner, während auf Cres nur gut 3000 Menschen wohnen.

Cres ist 66 Kilometer lang, misst an seiner schmalsten Stelle nur zwei und an seiner breitesten zwölf Kilometer. Die Länge der Küste beträgt knapp 250 Kilometer. Die Gesamtgröße von etwas mehr als 400 Quadratkilometern entspricht der von Krk, der östlich gelegenen Nachbarinsel. Damit konkurrieren Krk und Cres um den Platz der größten Insel in der Adria. Während nach alten Messungen aus dem Jahr 1911

Krk noch vorne lag, weiß man seit 2005, dank modernster Messungen, dass Cres knapp einen halben Quadratkilometer größer ist.

Der gebirgige Norden von Cres hat eine steile und schwachgegliederte Küste mit einer sehr großen Seetiefe. Zwischen Cres und der kleinen Nachbarinsel Plavnik beträgt die Tiefe 114 Meter, das ist die größte Seetiefe in der Kvarner Bucht.

Der Vrana See – das Süßwasserreservoir von Cres und Lošinj

Übersetzt bedeutet Vrana See 'Krähensee'. Er liegt etwa in der Mitte der Insel Cres und ist ein Naturphänomen. Er hat eine Oberfläche von 5,75 Quadratmetern, ist 74 Meter tief und fasst über 200 Millionen Kubikmeter glasklares und gesundes Wasser. Woher das Wasser im See kommt, weiß man nicht wirklich, aber man nimmt an, dass er aus dem Velebit-Gebirge auf dem Festland gespeist wird. Doch wirklich sicher ist dies nicht, denn der See wurde nie erforscht.

An seiner tiefsten Stelle liegt er unterhalb der Meeresoberfläche. Weil Aale im See leben, geht man davon aus, dass es zwischen dem See und dem Meer eine unterirdische Verbindung gibt. Trotzdem vermischen sich Süß- und Salzwasser nicht! Eine mögliche Erklärung hierfür liefert das physikalische Prinzip 'kommunizierender Gefäße', die oben offen, unten aber miteinander verbunden sind. Dass sich Salz- und Süßwasser nicht vermischen, läge dann an der größeren Dichte des Salzwassers, das 'schwerer' ist und deshalb unten bleibt, während das leichtere Süßwasser darüberliegt. Voraussetzung für dieses Gefüge ist, dass die Süßwasserquellen, die den See speisen, deutlich über dem Zugang zum Meer liegen, was im Vrana See ja offensichtlich der Fall ist. Damit das Gefüge nicht kippt, sollte man natürlich im See nicht zu stark 'umrühren' und niemals mehr Süßwasser entnehmen als einfließt. Sonst strömt Salzwasser vom Meer her nach, und die obere Süßwasserschicht würde immer dünner werden.

Mit dem wachsenden Zustrom von Touristen, die ja auch Wasser verbrauchen, ist diese Gefahr natürlich gegeben. Ein guter Grund auch für Besucher, sparsam mit dem Wasser umzugehen - denn der Vrana See ist das einzige Süßwasserreservoir von Cres und Lošinj, aus ihm werden alle Ortschaften mit Trinkwasser versorgt! Deshalb hütet ihn man auch wie einen Augapfel. Die Berghänge, die sich an seinen

Ufern erheben, sind Sperrgebiet, nur wenigen Einheimischen ist der Zutritt zum See gestattet.

Wer einen Blick auf den See werfen will, kann dies von einem Aussichtspunkt nahe Grmov tun, einem kleinen Ort, der von den Fischern des Sees gegründet wurde. Auch von Pernat und Zbičina aus, zwei kleinen Dörfer auf der Hochebene bei Valun, hat man einen Blick auf den Vrana See. Fährt man von Cres auf der Hauptstraße 100 Richtung Süden, nimmt man die Abzweigung nach Valun und Lubenice. Doch statt nach Valun oder Lubenice zu fahren, folgt man der Straße geradeaus. Man erreicht zuerst Zbičina und schließlich Pernat.

Das Land und seine Bewohner

Die Einwohner beider Inseln sind traditionell katholisch. Einnahmequellen der Bevölkerung sind die Fischerei, die Landwirtschaft (Oliven, Wein, Feigen) und die Schafszucht. Hier werden vor allem Fleisch und Käse produziert. Die Wolle, die heutzutage durch Kunstfasern ersetzt wird, ist mehr oder weniger ein Abfallprodukt. Haupteinnahmequelle ist jedoch der Tourismus. Deutsche und Österreicher, aber auch Gäste aus Italien oder dem ehemaligen

Ostblock verbringen ihren Urlaub gerne auf den Inseln der Kvarner Bucht.

Die 'Westlichen Kvarner-Inseln' bestehen aus der Inselgruppe Cres-Lošinj, Unije, Ilovik, Susak, Vele Srakane, Male Srakane sowie eine Reihe unbewohnter Inseln, Riffe und Felsen. Die Hauptinseln der östlichen Inselgruppe sind Krk, Rab und Pag. Von der Nordküste Cres' sieht man auf Rijeka, Opatija und die Nordostküste von Istrien. Im Westen von Lošinj sind die Inseln Otok Unije, Otok Vele Srakane, Male Vele Srakane sowie Susak vorgelagert. Im Süden von Lošinj blickt man auf Vele Orjule (leicht östlich), Otok Sveti Petar und Ilovik. Otok bedeutet übrigens 'Erhebung'.

Die Landschaft wirkt abseits der wenigen Städte und weitflächigen Olivenhaine wild romantisch. Fährt man über die Insel und betrachtet die Grundstücke neben den Straßen, gewinnt das Wort 'steinreich' plötzlich seine ursprüngliche Bedeutung: Hätten ihre Besitzer so viel Geld wie Steine, könnten sie ein Leben in Saus und Braus führen. Tatsächlich aber mussten die Menschen hier hart schuften, um ein bisschen Korn anbauen und ihren Lebensunterhalt verdienen zu können. Daran erinnern vor allem die vielen sogenannten Trockenmauern, die die kargen Felder umgeben. Steine mussten gesammelt oder ausgegraben und dann mühsam aufgeschichtet werden, damit der Wind die wenige fruchtbare Erde auf dem Grund und Boden der Bauern nicht wegtragen konnte. Diese Trockenmauern und typischen Holztore bestimmen das Landschaftsbild und sind schon fast eine Art Wahrzeichen der Inseln.

Das Bauen von Trockenmauern ohne jegliches Bindemittel ist ein Handwerk, das heute nur noch von wenigen beherrscht wird. Es gibt einfache und doppelte Trockenmauern. Durch die einfachen kann man an manchen Stellen sogar ein wenig hindurchsehen, trotzdem halten sie Wind und Wetter stand.

Die doppelten bestehen aus zwei parallel verlaufenden einfachen Mauern, der Raum dazwischen ist mit kleinen Steinen aufgefüllt.

Betreten kann man die ummauerten Grundstücke durch Holztore. Es gibt Tore, die Durchgänge zwischen den Parzellen verschließen und solche, die vom Weg zugänglich sind. Die Tore zwischen Parzellen, durch die man nur mit den Schafen geht, sind gewöhnlich enger als die Zugangstore, die von den Wegen auf die Parzellen führen und auch Platz für einen beladenen Esel lassen müssen. Sind solche Tore richtig gebaut, fallen sie von alleine wieder zu. Trotzdem sollte man beim Wandern nie vergessen, sie mit den Holzstöcken zu verriegeln, die dafür vorgesehen sind. Man steckt sie durch eine Drahtschlinge, die am Pfosten befestigt wurde.

Über die Inseln verstreut findet man kleine Kirchen, die außerhalb von Siedlungen liegen. Sie sind alle im Stil der Romanik oder Gotik erbaut, und alle sind mit der Apsis gen Nordosten ausgerechtet. In achtzehn dieser ungefähr sechzig kleinen Kirchen werden an den Ehrentagen der Heiligen, denen sie geweiht sind, auch heute noch Messen abgehalten, und viele sind Ziel für Pilger.

Die Schafe von Cres und Lošinj

Schafen begegnet man überall auf Cres und Lošinj. Vor allem im Norden von Cres streifen sie in kleinen Gruppen durch die Wälder und überqueren auch schon mal ganz unverhofft die Straße. Wie eh und je leben sie frei und ernähren sich von dem, was sie finden. Wollen ihre Besitzer sie scheren oder einfach nur kontrollieren, ob alles in Ordnung ist, rufen sie nach ihnen, und die Schafe kommen, um sich getrocknetes Brot abzuholen.

Schafe laufen frei herum – im Hintergrund ein Gnom aus Baumwurzeln

Jeder Schäfer hat seinen eigenen Lockruf, und seine Schafe erkennen ihn zudem an der Stimme.

Damit auch er sie erkennen kann und keine Besitzstreitereien aufkommen, müssen die Schafe gekennzeichnet werden. Das geschieht entweder mit Farbe oder durch sogenannte 'belehi', Einschnitte in den Ohren, nach vorgegebenen Mustern. Zum Beispiel ein ausgeschnittenes Dreieck im rechten Ohr, oder ein Loch und ein gerader Einschnitt im linken Ohr und so weiter. Jede Familie hat ihre eigene Kombination solcher Einschnitte.

Weil immer weniger Menschen Kleidung aus reiner Wolle tragen, wird diese mehr und mehr zum Abfallprodukt. Die Schafe müssen aber geschoren werden, und so landet ihr Vlies meist auf den Trockenmauern - auf dem Boden darf das Vlies einem alten Glauben nach nicht liegen bleiben, weil dieser sonst unfruchtbar wird.

Im Jahr 2000 wurde auf Cres ein Verein gegründet, der sich zur Aufgabe gemacht hat, altes Handwerk und alte Traditionen wiederaufleben zu lassen und gesunde Lebensmittel zu produzieren. Mitglieder dieses 'Ruta-Vereins' haben sich der Kunst des Filzens gewidmet. Sie sammeln die Wolle ein, bearbeiten und färben sie und stellen daraus Puppen, Kleidung, Hüte oder Blüten her, die sie gerne auch als hochwertige Souvenirs an Touristen verkaufen.

Auch das Leder der Schafe und Lämmer findet Verwendung. Doch je feiner und dichter die Wolle, desto dünner und schlechter ist die Lederqualität. 'Gutes' Schafsleder wird zu Bekleidung und Lederaccessoires verarbeitet, aber auch für Bucheinbände benutzt und in seltenen Fällen sogar für Möbel.

Die Schäfer von Cres stellen aus dem gegerbten Balg eines Schafes aber auch ein Blasinstrument her, das sie 'Meh' nennen. Bei YouTube kann man so ein Instrument ansehen und -hören. Ist man Ende Mai/Anfang Juni auf den Inseln, sollte man nicht versäumen, in Orlec auf Cres oder in Nerezine auf Lošinj das Meh-Fest zu besuchen, um das Spielen auf diesem Instrument live zu erleben und die bunten Trachten zu sehen.

Da die Rinderzucht auf den Inseln der Kvarner Bucht praktisch keine Rolle spielt, wird hier hauptsächlich Schaf- und Lammfleisch gegessen. Früher hatte man das Boškarin, ein weiß-graues Rind mit langen Hörnern. Man nutzte es zum Pflügen der steinigen Felder, zum Heranschaffen der schweren Steine, aus denen man auch Häuser baute, und man aß das Fleisch und trank die Milch der Boškarin. Als die Feldarbeit immer mehr von Traktoren übernommen wurde, starb das Rind beinahe aus. Heute wird es wegen seines Fleisches wieder gezüchtet. Doch es ist eine Delikatesse, und so isst man traditionell weiterhin das Fleisch der Schafe.

Auch dass im Norden von Cres noch Gänsegeier zu finden sind, hat unmittelbar mit der freien Schafzucht zu tun. Da Geier von Aas leben und es in den Wäldern immer wieder verendete Schafe gibt, fanden sie bisher genug Nahrung. Doch weil immer weniger Insulaner Schafe halten, muss seit einigen Jahren 'zugefüttert' werden.

Flora und Fauna

Trotz der augenscheinlichen Kargheit bieten die Inseln eine reichhaltige Fauna und Flora mit 1300 bis 1400 verschiedene Pflanzenarten. Darunter 43 europäische Orchideen und die äußerst seltene illyrisch-adriatische endemische Blühpflanze Corydalis acaulis, die ausschließlich auf Mauern wächst, die von den Illyrern gebaut wurden. So schmückt sich Lošinj mit dem Beinamen 'Insel der Düfte und Aromen', und jeder Monatsname wird von den Einheimischen zusätzlich mit dem Namen eines wildwachsenden Heilkrautes ergänzt, von denen auf dem Archipel 230 bekannt sind. Dazu gehören unter anderem Fenchel, Sand-Thymian, Lorbeer, Rosamarin und Wildminze.

Unter den Bäumen findet man Stein- und Flaumeiche, Ulmen, Kastanien, die europäische Hopfenbuche, die Orientalische Hainbuche und andere. Aber auch untypische Pflanzenarten wurden von den Kapitänen mitgebracht, die vor allem im 18. und 19. Jahrhundert die Weltmeere bereisten. Darunter Mandelbäume, Zitrone, Dattel, Banane, Granatapfel oder Eukalyptus. Sogar Sequoien sind auf Lošinj zu finden - immergrüne Küstenmammutbäume aus der Familie der Zypressengewächse.

Der bekannteste Waldpark von Lošinj heißt Čikat und ist am Rande der kleinen Hauptstadt gelegen. Er wurde Ende des 19. Jahrhunderts von Ambroz Haračić, einem Professor an der Lošinjer Seefahrtsschule, angepflanzt. Für Botaniker nicht minder interessant ist die vom Habsburger Erzherzog Karl Stephan angelegte Parkanlage in Veli Lošinj, mit etwa 200 verschiedenen Baumarten.

Auch Vogelliebhaber finden auf dem Archipel und ganz besonders im Norden und Osten von Cres ein wahres Paradies vor. Dort brüten Kolonien freilebender Weißkopf-Gänsegeier (Gyps fulvus Habl.). Darüber hinaus wurden bislang weit über zweihundert Vogelarten nachgewiesen. Vor allem aber sieht man immer wieder den Eichelhäher mit seinem schönen, blau-braun-schwarzen Gefieder. Er zählt zu den Rabenvögeln, was er durch lautes Krächzen bekundet, und lebt gerne in Eichenwäldern, von denen es auf Cres und Lošinj genügend gibt. Auch dienen die Inseln zahlreichen mittel- und nordeuropäischen Vögeln als Rastplatz, und einige Arten überwintern dort sogar.

Des Weiteren findet man zahllose Insekten, 87 Schmetterlingsarten, Fasane, Hasen, Damhirsche, Wildschweine, Mufflons und Marder, Geckos und zwischen den Trockenmauern und Steinhaufen Echsen und Schlangen.

Was es hingegen nicht gibt, sind Giftschlangen. Auf das Warum kann die Wissenschaft keine Antwort geben - die Kirche hingegen schon! Denn wie eine von vielen Legenden erzählt, hat sich der einstige Bischof von Osor, der spätere Hl. Gaudentius, im 11. Jahrhundert so sehr über die Verderbtheit und Sündhaftigkeit der Bewohner seiner Stadt erzürnt, dass er sich eine Zeitlang als Einsiedler in einer Höhle auf dem Berg Osor (auch Osorgdica) zurückzog. Aus Wut hat er bei dieser Gelegenheit alle Giftschlangen verflucht, was ihnen seither ein Leben auf Cres und Lošinj unmöglich macht. Einen Stein aus der Höhle mitzunehmen gilt als glücksbringend. Bereits die alten Seefahrer führten auf ihren gefährlichen die Reisen einen solchen Stein mit. Sollte Ihnen also eine kleine Schlange auf Ihren Wanderungen begegnen – keine Angst, sie ist harmlos!

Unter Wasser haben viele Fische und anderes Getier

zwischen den Felsenküsten und Neptungrasfeldern ihr Zuhause. Man findet verschiedene Muscheln, darunter Delikatessen wie Austern und Jakobsmuscheln. Auch Kalmar, Kraken, Tintenfische und Scampi, Brassen, Barben, Goldstrieme, Meerjunker, Meeresschildkröten, Seepferdchen, Seesterne, Quallen und Delphine leben in den sehr sauberen Gewässern dieser Küsten. Die kleinen Quallen mit dem Namen 'Meereslunge' sind nicht gefährlich. Wenn sie jedoch in Schwärmen an der Küste auftauchen, was in Abständen von etwa acht bis zehn Jahren der Fall ist, können sie für Badende lästig sein.

Die Strände von Cres und Lošinj zählen zu den saubersten im gesamten Mittelmeerraum, das Wasser ist glasklar, und es gibt einige Strände, die mit der 'Blauen Flagge' ausgezeichnet sind. Dieses Gütezeichen wird jedes Jahr an Strände, Küsten, Binnengewässer und Marinas vergeben, die in der vorangegangenen Saison hohe Standards hinsichtlich bestimmter Umweltkriterien eingehalten haben. Dazu zählt u.a. auch die Wasserqualität.

Achtung: *Um sich gegen Seeigel zu schützen, sollte man im Meer Badeschuhe tragen!*

Das Wetter schlägt Kapriolen

Drei charakteristische Winde bestimmen das Leben auf den kroatischen Inseln maßgeblich mit. In den wärmeren Jahreszeiten weht nachmittags der Mistral, ein nordwestlicher Wind, und zusätzlich vom Festland ein sanfter, angenehmer Wind, der Burin. Bura (zu Deutsch Bora) und Jugo wehen hauptsächlich von Oktober bis April, wobei der Jugo vor allem und auch stärker an der südlichen Inselseite auftritt, während die Bura vermehrt im nördlichen Teil stürmt.

Stellt sich der 'Jugo' ein, ein warmer und feuchter südöstlicher Wind, bringt er dunkle und schwere Regenwolken mit und peitscht das Meer gegen die Westküste der Inseln. Am häufigsten bläst jedoch die Bura. Sie ist ein trockener, kalter und böiger Fallwind, der ausschließlich zwischen Triest, der kroatischen und der montenegrinischen Adriaküste vorkommt. Sie gehört zu den stärksten Winden der Welt, Spitzengeschwindigkeiten einzelner Böen erreichen Werte von bis zu 250 Stundenkilometern. Dank der kalten Bora sind die nördlichen Bergspitzen im Winter manchmal sogar schneebedeckt.

Der 'Tamuntanawind' weht aus dem Norden und geht dabei oft in den Borawind über. Nach ihm nennt man den ganzen Nordteil von Cres 'Tramuntana'.

Weil die Bora vom Ost-Nordosten her bläst, findet man die meisten Orte der Inseln an der geschützten Westseite. Stellt man sich Cres und Lošinj in ihrer ursprünglichen Form als eine Insel vor, ist der Mittelteil am stärksten betroffen. Dort hat die Bora mit der Zeit den Boden abgetragen und Meersalz abgelagert. So haben sich Karstweiden gebildet, auf denen sich fast nur Weideunkräuter halten können. Sie machen rund 30 Prozent der Inseloberfläche aus. Ein

Drittel ist bewaldet, zehn Prozent werden landwirt-
schaftlich genutzt.

Auch die Touristen bekommen die Auswirkungen
der Bora zu spüren. Egal ob man über Krk an- oder
abreist, wo wegen des Windes möglicherweise die
Brücke gesperrt ist, mit der Fähre von Brestova, mit
dem Flugzeug oder gar dem Segelboot - tobt die
Bora, sitzt man unter Umständen fest. Und vorbei ist
es dann mit den gemütlichen Sunden am Strand.

Insgesamt ist das Wetter auf Lošinj milder und etwas
wärmer, da es dort bereits mediterranen Charakter
hat.

Geschichte von Cres und Lošinj

Seit mehr als 10 000 Jahren leben Menschen auf den Inseln der Kvarner Bucht. Auch archäologische Überreste aus der Bronze- und Eisenzeit wurden gefunden. Um 1000 vor Chr. siedelten sich Japoden und Liburner, zwei illyrische Stämme, an. Auf Cres und Lošinj sind 66 Stellen bekannt, an denen sie ihre Fluchtburgen erbauten.

Die Römer folgten. Sie gründeten mit dem heutigen Osor (damals Apsorus) eine bedeutende Stadt, und trennten den Norden und Süden der Insel durch einen schmalen Kanal. Ab dem 6. Jahrhundert erreichten im Zuge der slawischen Völkerwanderung erste Kroaten Cres und Lošinj. Die illyrisch-romanischen Einwohner zogen sich nach und nach zurück oder vermischten sich mit ihnen.

In der Folgezeit kam es zu einem ständigen Machtwechsel. Ab dem frühen 9. Jahrhundert gehörten die Inseln zum Byzantinischen Reich, und kaum hundert Jahre später zählten sie unter den Königen Tomislav (910-928), Kresimir (1058-1074) und Zvonimir (1076-1089) zum kroatischen Königreich. Im Jahr

1409 kaufte die Republik Venedig dem kroatisch-ungarischen König Ladislaus Dalmatien für hunderttausend Golddukaten ab. Bis ins Jahr 1797 blieben Cres und Lošinj unter der Herrschaft Venedigs.

Ab etwa 1000 nach Christi entwickelte sich auf den Inseln der Kvarner Buch ein wichtiges Zentrum kroa-

tischer Kultur, woran unter anderem die 'Tafel von Valun' erinnert. Sie ist in Glagolitischer Schrift geschrieben und ein wichtiges Zeugnis der ausgestorbenen altkroatischen Sprache, die entlang der Ostküste der Adria vor allem in der historischen dalmatinischen Region gesprochen wurde.

Unter venezianischer Herrschaft mussten hohe Steuern in Form von Gold und Galeerensklaven an die Dogen abgeben werden, wodurch die Inseln zusehends verarmten. Nach kurzer österreichischer Herrschaft gewann 1805 Napoleon Bonaparte die Insel. So gehörte Cres und Lošinj von 1806 bis 1814 zu Frankreich und anschließend bis 1918 zu Österreich-

Ungarn. Im Ersten Weltkrieg fielen die Inseln an Italien, im zweiten Weltkrieg für kurze Zeit an Deutschland.

Ende des 19. Jahrhunderts wurden Cres und Lošinj von einer Blattlaus-Epidemie heimgesucht, unter der vor allem die Bevölkerung von Cres, die hauptsächlich von der Landwirtschaft lebte, mehrere Jahre sehr zu leiden hatte. Viele der Bewohner sind deshalb ausgewandert, um ihr Glück im fernen Amerika zu suchen. Diese Auswanderungswelle dauerte bis nach dem zweiten Weltkrieg an.

Mit Ende des Zweiten Weltkriegs gingen Cres und Lošinj wieder an Kroatien und gehörten damit bis zu dessen Verfall 1991/92 zu Jugoslawien.

Legenden und Mythen

Cres und Lošinj und die umliegenden kleineren Inseln sind auch unter dem Namen Apsyrtides bekannt. Wie das Archipel entstand und wie es zu diesem Namen kam, erzählt eine Legende aus der griechischen Mythologie.

König Ezon wird vom Thron gestürzt. Somit verliert auch Iason, sein Sohn, den Anspruch auf den Thron.

Damit will er sich aber nicht abfinden. Um doch noch Herrscher von Jolkos in Thessalien zu werden, muss er sich durch eine große Heldentat hervortun. Er soll das goldene Vlies zurückerobern, das sich im Besitz des Königs Aietes befindet, der in Kolchis an der Schwarzmeerküste im Kaukasus' herrscht. Doch das goldene Vlies wird im Garten der Gottheit Ares von einem gefährlichen Drachen bewacht, der niemals schläft. Eine Aufgabe, die so gut wie unlösbar ist! Trotzdem macht sich der mutige Iason auf den Weg.

Er gibt ein Schiff mit fünfzig Rudern in Auftrag - die Argo, benannt nach ihrem Erbauer. Zusammen mit einer Besatzung, die aus griechischen Helden besteht (den Argonauten), sticht er in See. Nach langer und gefährlicher Reise erreicht er schließlich das Königreich Kolchis. Doch König Aietes will das Vlies nicht herausgeben, also muss Iason darum kämpfen.

Die Zauberin Medea, sie ist Aietes' Tochter, verliebt sich unsterblich in Iason. Unter der Bedingung, dass er sie zur Frau nimmt, verhilft sie ihm durch Geschick und ihre magischen Kräfte, das goldene Vlies zu erobern. Mit dem Goldenen Vlies fliehen sie auf der Argo, doch sie werden von König Aietes und Medeas Bruder Apsyrtos verfolgt.

So erreichen sie die Kvarner Bucht. Die Verfolger sind übermächtig, nun kann nur noch eine List helfen. Die verliebte Medea lockt ihren Bruder zu Verhandlungen. Iason erwartet ihn mit seinem Schwert und tötet ihn. Medea zerstückelt den Leichnam ihres Bruders und wirft ihn ins Meer. So entsteht aus seinen Gebeinen das Archipel Apsyrtides, zu dem Cres und Lošinj, Krk, Unije, Ilovik, Susak, Vele Srakane, Male Srakane und zahlreiche kleine unbewohnte Inseln und Riffe gehören.

Eine andere Legende erzählt folgende Geschichte:

Apsyrtos kommt auf der Suche nach seiner Schwester Medea auf die Insel Cres. Hier versinkt sein Schiff, und so bleibt er und gründet an der schmalsten Stelle der Insel die Stadt Apsyrtos, die heute Osor heißt. Nach ihr wurde das Archipel Apsyrtides genannt.

Eine dritte Legende besagt, dass Königin Medea neidisch auf den Reichtum und die Berühmtheit ihres Bruders König Apsyrtos ist. Der Gedanke, wie sie sich seines Reichtums bemächtigen könnte, lässt sie nicht mehr los. Schließlich beschließt sie, Apsyrtos mit einer List zu fangen und zu töten.

Eines Tages erscheint sie auf einer großen und mit Gold und Edelsteinen reich verzierten Galeere vor Osor. Alle Menschen laufen ans Ufer, um das Schiff zu bewundern, das so prächtig ist, wie sie noch nie zuvor eines gesehen hatten. Einzig Apsyrtos erscheint nicht. Da schickt Medea ihre Leute mit Geschenken zu ihm, um ihn zu einem großen Fest einzuladen, das sie auf ihrem Schiff auszurichten gedenkt. Weil Apsyrtos sie nicht beleidigen will, folgte er der Einladung. Er setzte sich zu ihr an die reich gedeckte Tafel, um mit ihr zu essen und zu trinken. Doch der Wein in seinem Becher ist vergiftet, und er stirbt. Danach brechen Medeas Soldaten in Osor ein, rauben die Stadt aus und reißen ihre Mauern nieder.

Päpstliches Wappen in Osor

Unterwegs im Norden zwischen Konec und Stadt Cres

Es versteht sich von selbst, dass Cres und Lošinj keine überwältigenden Sehenswürdigkeiten wie einen Eiffelturm oder eine Tower Bridge vorzuweisen haben. Die Inseln müssen in ihrer Ganzheit betrachtet und in ihrer natürlichen Schönheit gewürdigt werden. Und doch gibt es neben der beeindruckenden Natur auch Sehenswürdigkeiten zu entdecken, wenn man ein Auge dafür hat und sein Herz öffnet. Ein Manko ist, dass leider viele Kirchen nur zu den Gottesdiensten geöffnet werden, auch solche, die mit Kunstschätzen aufwarten können. Und jemanden, der einem aufschließt, findet man nur schwer.

Die Tramuntana

Ursprünglich trugen nur die Wälder um Beli den Namen Tramuntana. Inzwischen gilt er für den ganzen nördlichen Teil von Cres. Tramuntana bedeutet im Katalanischen 'kalter Nordwind', im Maltesischen 'Norden', und aus dem Lateinischen übersetzt man 'ultramontanus' mit 'jenseits der Welt'. Schon der Name lässt also erahnen, wohin man kommt, wenn man den Norden der Insel erkundet. Hier ist die Gegend am wildesten, sind die Klippen am steilsten, die Wälder am dichtesten und die Straßen oft so eng, dass keine zwei Autos aneinander vorbeipassen.

Bei Predošćica fährt man durch eine beeindruckende, fast baumlose Steinwüste, doch schon ein paar Kilometer weiter beginnen die Wälder. Dort tummeln sich zwischen Trockenmauern und knorrigen Eichen Schafe und Gnome mit roten Mützen, die Macmalić genannt werden. Auf einigen Lichtungen haben die Menschen mit Steinen Labyrinthe ausgelegt, die zu erkunden einen in die eigene Mitte führen können, so man sich darauf einlässt. Und blickt man gen Himmel, ist die Chance groß, dort oben Gänsegeier oder Adler zu entdecken.

Hin und wieder kommt man auf seinen Wanderungen durch kleine, verlassene Dörfer, in denen einst Schäfer und Arbeiter lebten, Bäume fällten oder Bauxit abbauten – ein roter Stein, der aus Aluminiummineralen besteht. Er wurde hier lange Zeit ausgegraben, in Güterloren (kleine Eisenwaggons) auf Schienen nach Beli und dort mittels einer Seilbahn zum Hafen hinuntertransportiert. Dann ging es per

Schiff weiter aufs Festland. Doch im letzten Jahrhundert wurde der Abbau unrentabel und deshalb eingestellt. Zurück blieb hier und da eine der alten Loren, die nun still vor sich hin rosten. Und auch die älteren, roten Häuser erinnern noch an diese Zeit. Sie sind aus weißen Feldsteinen, die mit rotem Bauxit-Mörtel verbaut wurden.

Haus in Dragozetići mit Bauxit-Mörtel verbaut

In Tamuntana existieren zehn jener kleinen Kirchen, die außerhalb von Siedlungen liegen und in denen einmal im Jahr, nämlich am Ehrentag des Heiligen, dem sie geweiht sind, eine Messe abgehalten und anschließend ein Fest gefeiert wird. Eine von ihnen ist die Kirche des Hl. Johannes des Täufers. Sie steht bei der verlassenen Hirtenhütte in Stepić. Im Volksmund trägt sie auch den Beinamen 'Ivan od kacota', was so viel bedeutet wie 'Heiliger Johannes der Fäuste'. Das rührt daher, dass die jungen Männer, wenn am 24. Juni Kirchweih gefeiert wurde, auf dem Tanzboden nicht selten Streit um ein Mädchen bekamen und sich dann ordentlich prügelten.

Der Ort Beli – heute und damals

Tramuntana ist eine Gegend, in der man wandert und den Einklang mit sich und der Natur sucht. Doch es gibt auch ein Ausflugsziel, das gerne von Touristen angefahren wird, die sich lieber an den Küsten tummeln – das ist der Ort Beli, der wie ein Adlerhorst auf einem 130 Metern hohen Felsen thront. Hat man den beinahe höchsten Punkt der Insel erreicht, den Monte Sis (650 m), biegt man auf eine schmale Straße ab, die hinunter nach Beli führt. Die Anfahrt auf dieser Straße, auf der großteils keine zwei Autos aneinander vorbeipassen (Ausweichbuchten), erfordert ein wenig Geschick und ist nichts für Raser oder lange Campinggespanne.

Obwohl die Bedingungen für eine ertragreiche Landwirtschaft in der Tramuntana sehr schlecht sind, ist es den Bewohnern von Beli gelungen, dem kargen Boden genug Oliven, Feigen, Wein, Obst und Gemüse abzuringen, um davon leben zu können. Doch von so viel mühsamer Arbeit wollen die jungen Leute nichts mehr wissen. Weil es aber sonst kaum Arbeit gibt, sind immer mehr von ihnen aufs Festland abgewandert. Heute leben nicht einmal mehr dreißig Einwohner in der Ortschaft, während es Mitte des letzten Jahrhunderts immerhin noch über tausend waren.

Der Ort mit seinen Kopfsteinpflastern, in die teilweise Kiesel-Mosaike eingelassen sind, konnte sich seinen mittelalterlich anmutenden Charakter bewahren. In die schmalen Gassen von Beli passt kein Auto, und es gibt auch keine Supermärkte oder Geschäfte zum Shoppen. Die Häuser sind dicht an dicht gedrängt, auf dem kleinen Platz vor der Kirche steh ein alter Maulbeerbaum, und man blickt weithin über Klippen und das Meer bis hinüber zur Nachbarinsel Krk. Mit ein wenig Phantasie kann man sich vorstellen, wie es war, als hier die alten Einwohner ihre vollbeladenen Esel durch den Ort trieben.

Bereits die Liburner hatten sich auf diesem Felsen angesiedelt und eine Wallburg errichtet. Später bauten die Römer die Wallburg zur Festung aus und nannten sie 'Caput Insulae'– Kopf der Insel – woraus sich später 'Caisole' entwickelte. Noch heute kann man zwischen den Häusern einige Mauerstücke der historischen Burg entdecken. Damals war der Ort strategisch immerhin so wichtig, dass er die Unabhängigkeit erhielt und bis ins 15. Jahrhundert autonom regiert wurde. Zu jener Zeit gab es auf einem kleinen Plateau in der Nähe des Ortes einen Versammlungsplatz für alle, die etwas zu sagen hatten, egal ob arm oder reich. Eine Art Agora also, wie sie damals bei den Griechen und Römern üblich war. Leider währte die 'Demokratie von Caput Insulae' nicht lange, und heute ist von diesem Versammlungsplatz nur noch eine Bodenplatte übriggeblieben. Als Cres an Venedig fiel, wurde die Unabhängigkeit von Caput Insulae wieder aufgehoben.

Der jetzige Name des Ortes geht vermutlich auf König Bela IV. von Ungarn zurück, der als Bela III. auch König von Kroatien war. Auf seiner Flucht vor den Mongolen fand er im Jahr 1241 hier Schutz. Als Namensgeber von Beli ist aber auch der keltische Gott Belenus im Gespräch.

Rundgang durch Beli

Wer mit wachen Augen durch Beli geht, findet Überreste aus der Zeit der Kelten, der Römerzeit und Spu-

ren des Mittelalters. In einem kleinen Stadtrundgang führen wir Sie zu den Sehenswürdigkeiten des Ortes.

• Gleich nach dem Ortsschild, das in einer Kurve steht, nehmen Sie den ersten Parkplatz, den Sie bekommen können – es wird kein besserer folgen! Dann gehen Sie geradeaus bis zum Besucherzentrum, das rechterhand kurz vor dem Friedhof mit der Kirche des Hl. Antonius liegt. In dem kleinen Museum, das zum Öko-Zentrum 'Caput insulae' gehört, kann man gutes Kartenmaterial zum Wandern kaufen oder einen organisierten Spaziergang auf den sieben Tramuntana-Wanderwegen buchen. Das 'Eko-Center' kümmert sich nicht nur um kranke Geier, sondern auch um die Instandhaltung der Labyrinthe und Wanderwege der Tramuntana, die alle gut gekennzeichnet sind. Sollten Sie das Eko Center besuchen, ist der Eintritt in die Ölmühle (folgt später) kostenlos, denn die Eintrittskarte gilt für beide Objekte.

• Als die Römer Cres besiedelten, legten sie eine Straße an, die den Hafen im Nordwesten (Porozina) mit Beli und Cres verband. Die Teilstrecke bei Beli ist die am besten erhaltene. Eine Brücke aus der Römerzeit, die eine Karstschlucht überspannt, kann sich gar rühmen, die einzige noch erhaltene Römerbrücke des gesamten Kvarner Gebietes zu sein. Man erreicht sie, wenn man auf den Ortskern zugeht und zwischen dem Friedhof und der Kneipe auf den schmalen Weg nach rechts abzweigt. Dann sind es etwa noch 100 Meter.

• Geht man an der Kneipe vorbei nach Beli hinauf, findet man rechts, kurz bevor der eigentliche Ort beginnt, einen keltischen Kultstein, auf dem man nebeneinander einmal erhabene und einmal vertiefte Kreise erkennen kann. Er wird mit 'Beltane', dem Sommeranfang im keltischen Jahreskreis, in Verbindung gebracht.

Der Ort Beli, der wie ein Adlerhorst auf einem 130 Metern hohen Felsen thront

• Gleich am Anfang des Ortskerns, dort wo linkerhand die ersten Häuser beginnen, zweigt nach links eine schmale Gasse ab. In dieser Gasse befindet sich die alte Ölmühle von Beli, die aus dem 18. Jahrhundert stammt, und in der noch bis kurz vor dem zweiten Weltkrieg Olivenöl gepresst wurde. Es wird erzählt, dass sie von drei Männern gebaut wurde. Einer gab das Grundstück, einer das Werkzeug, der dritte das Geld. Und lange war sie die einzige Olivenölmühle auf Cres und Lošinj. In den 1930er-Jahren wurde eine modernere Ölmühle bei Stadt Cres gebaut und die von Beli stillgelegt. Sie ist durchaus sehenswert und auf Cres und Lošinj die einzige altertümliche Ölmühle, die besichtigt werden kann. Wie Olivenöl heute gepresst wird, kann man in der Olivenölmühle von Cres sehen.

• Von der Mühle aus gehen Sie weiter zur Kirche, die man nicht verfehlen kann. Dort hat man einen fantastischen Ausblick über das Meer!

• In der halbkreisförmigen Apsis der Pfarrkirche, die sich am Stadtplatz befindet, ist die Tafel mit der längsten glagolitischen Inschrift zu sehen, die auf Cres gefunden wurde. Diesem Text kann man entnehmen, dass hier im 16. Jahrhundert die Bruderschaft des Hl. Fabianus und des Hl. Sebastian gegründet wurde. Die Kirche hat man im 18. Jahrhundert auf den Fundamenten eines romanischen Gotteshauses erbaut.

An der Seite zum Platz hin finden Sie eine Büste mit Gedenktafel des Philosophen und Dichters Andro Vid Mihičić (1896 – 1992), der in Beli geboren wurde und dort auch begraben liegt. Bis zu seinem 48. Lebensjahr war er Mitglied des Dritten Franziskanerordens, einer klösterlichen Familiengemeinschaft. Er studierte an der Sorbonne, unterrichtete an der Kunstakademie von Zagreb, war wissenschaftlicher Berater der Modernen Galerie von Lošinj, wurde während des Krieges Patriot und begann im hohen Alter von 92 Jahren, Gedichte zu schreiben. So ist er noch kurz vor seinem Tod als Dichter berühmt geworden.

• Wenn Sie mit der Büste im Rücken geradeaus über den Platz in die kleine Gasse gehen, finden Sie an einer Hauswand (rechts) einen halbverwitterten Kopf. Er soll König Bela darstellen, der auf seiner Flucht vor den Mongolen in diesem Haus Schutz fand.

Zu Füßen des Felsens liegen der kleine Hafen und der Kiesstrand von Beli mit einem sehr einfachen Campingplatz (Camping Brajdi), der eher für Individualisten geeignet ist. Es gibt einen Kiosk, wo man sich mal ein Eis kaufen kann, aber der nächste Supermarkt ist weit weg.

So kommen Sie hin: Noch vor dem eigentlichen Ortskern geht links eine schmale Straße ab. Ein gelbes Schild an einem oberirdischen Keller noch vor der Kneipe zeigt an, wo der steile und schmale Weg nach unten führt.

Filozići, der Strand von Porozina und die Gnome der Tramuntana

Nicht alle Menschen wandern gerne, anderen ist es gesundheitlich nicht möglich. Deshalb wollen wir Ihnen hier einen Ausflug anbieten, der Ihnen einen Eindruck der Tramuntana verschafft. Sie fahren ab Cres Richtung Porozina, das ist der westlich gelegene Fährhafen der Insel Cres. Schon diese Fahrt ist ein Erlebnis, wenn man das Staunen und die Freude an der Natur nicht verlernt hat. Gönnen Sie sich hin und wieder einen Stopp in einer der Haltebuchten und genießen Sie den Blick aufs Meer.

Nach dem Dorf Vodice, das sind nur ein paar Häuser am Berghang neben der Straße, kommen Sie durch ein bewaldetes Gebiet. Etwa dort, wo der Wald aufhört, sehen Sie rechts, etwas weiter weg, den Ort Predošćica. Ein weißer Kirchturm vor blauem Meer sticht ins Auge. Sieht man das Dorf, möchte man kaum glauben, dass es so gut wie ausgestorben ist. Nur eine Hand voll Einwohner leben hier noch. Auf den Klippen unterhalb des Ortes nisten Gänsegeier, das gesamte Gebiet wurde zum Vogelreservat erklärt.

Nach Predošćica beginnt eine beeindruckende Steinwüste. Zwischen den weißen Bruchsteinen und Felsblöcken trotzt dem stobenden Wind hier und da mutig ein knorriger Baum. Zwischendurch vereinzelt grünes Gebüsch, wie herausgezupft aus dem kargen Untergrund.

Bleiben Sie immer auf dieser Straße. Kurz nach dem Ort Dragozetići (knapp 35 Kilometer sind Sie inzwischen gefahren) geht es rechts ab nach Filozići. Sie müssen aufpassen, dass Sie die kleine Abzweigung nicht verpassen, denn es ist nicht mehr als ein betonierter Feldweg. An dieser Abzweigung parken Sie und gehen zu Fuß weiter. Man könnte auch fahren, aber der Spaziergang bringt einen näher an die Natur, und zudem gibt es im Dorf kaum Parkmöglichkeiten.

Bis Filozići sind es nur tausend Meter, die auf einer schmalen Straße durch eine zauberhafte Landschaft führen. Zwischen hundertjährigen Steineichen und großen Farnen, Rosmarin, Thymian und anderen Kräutern weiden freilebende Schafe. Am Wegesrand stehen Gnome, die Masmalići. Sie sind aus verkrüppelten Eichenstümpfen entstanden. Sie bleiben übrig, weil hier die Bäume nicht ganz gefällt, sondern nur im oberen Teil abgesägt werden, um keine weiteren kahlen Flächen entstehen zu lassen. Mit ein bisschen roter Farbe und ein wenig Schnitzen nachgeholfen, wurden aus den Stümpfen Abbilder der Masmalići, von denen erzählt wird, dass sie in den Wäldern der Tramuntana herumstreunen und die Gegend verzaubern.

Die 'echten' Gnome, die nur 'reine' Menschen mit einem offenen Herzen sehen können, sind nicht größer als ein sechsjähriges Kind, sollen zu ihren roten Mützen blaue Hosen tragen und in kleinen Höhlen wohnen. Wirft man einen Stein hinein, hört man es

klicken, denn ihre Höhlen sind mit Marmor ausge-
kleidet.

Natürlich spielen Masmalići den schlechten Menschen gerne einen Schabernack, den guten und ar-
men aber helfen sie. Ist jemand unvermutet reich geworden, sagt man ihm nach, er hat einen Macmalići

auf dem Dachboden. Irgendwie sind Masmalići ein bisschen so wie unsere Heinzelmännchen – echte Gnome halt!

Gleich am Anfang von Filozići steht eine kleine Kirche aus dem 15. Jahrhundert, die dem Hl. Rochus geweiht ist. Über dem Eingang sieht man interessanterweise ein Tempelritter-Kreuz.

Geht man geradeaus weiter, kommt man zu den Werkstätten einer jungen Künstlerfamilie, die wunderbare Tonskulpturen und andere schöne und geheimnisvoll anmutende Dinge herstellt.

Dass in dieser Gegend einmal Bauxit abgebaut wurde, erkennt man an der roten Erde und den Häusern aus weißem Stein, die mit rotem Mörtel verbaut wurden. Das große 'rot-weiße' Haus, am Ende des Dorfes, das heute verlassen dasteht und zusehends verfällt, gehörte vermutlich dem einstigen Großgrundbesitzer, für den die übrigen Dorfbewohner arbeiten mussten. Es trägt die Hausnummer 1.

Geht man zurück zum eigentlichen Ortskern (die modernen und restaurierten Häuser bei der kleinen Kirche des Hl. Rochus) kann man einkehren, eine zünftige Brotzeit mit regionalen Delikatessen essen,

Wein prüfen und, wenn man sich von der Gegend und den Masmalići hat verzaubern lassen, auch ein Zimmer mieten.

Haben Sie aber Lust, noch ein Stück weiterzugehen, dann besuchen Sie doch den wunderschönen Kiesstrand von Porozina. Er wird von einem Wald gesäumt und bietet somit auch Schatten. Eine Schlucht mündet auf diesen Strand, durch die in Regenzeiten reißende Sturzbäche fließen. Der Weg dorthin beginnt bei Haus Nr. 1 und ist etwas über drei Kilomter lang. In Porozina geht man bis zum Ende des Ortes, dort hinunter zum schönen, schattigen Strand.

Wandern in der Tramuntana

Ob Lehrpfade, kurze Wanderung oder ausgedehnte Touren - hier findet jeder den passenden Weg für sich! Es sind die alten Pfade, die einst die Dörfer der Tramuntana verbanden – Dörfer, die heute verlassen dastehen. Bis zum Zweiten Weltkrieg lebten in der Gegend noch etwa 15000 Menschen, heute sind es weniger als 150.

Auf diesen einsamen Wegen kann es einem passieren, dass man stundenlang keinem Menschen begegnet. Dafür kommt man an verfallen Häusern,

Höhlen, Labyrinthen aus Feldsteinen und Wasserlöchern vorbei, wo man Damwild und Mufflons beobachten kann. Man sieht Schmetterlinge und Käfer, wildlebende Schafe und Schildkröten. Zwischen den Trockenmauern kann man Eidechsen und Schlangen ausmachen, und am Himmel über einem kreisen Adler und Gänsegeier. Selbst Kindern, die meist nicht gerne wandern, wird es auf diesen Wegen nicht langweilig, weil es immer wieder etwas zu sehen gibt.

Die beste Jahreszeit zum Wandern ist Anfang April bis Ende Oktober. Doch selbst im November ist es noch angenehm warm. Im Sommer wählt man am besten Routen, die durch schattige Wälder führen und einen geringen Anstieg haben. Und auch im Herbst, an Tagen, an denen die Bora tobt, sollte man sich sehr gut überlegen, auf welcher Route man wandert. Denn auf dem Kamm würde man weggeblasen werden, und auch am Ostufer um Beli kann es dann äußerst ungemütlich werden!

Tipp: *Vergessen Sie nicht, auf ihre Wanderung Proviant und vor allem genug Wasser mitzunehmen, denn außer in Beli gibt es keine Möglichkeit zur Einkehr!*

Wandern zum Strand von Dragozetići an der nördlichen Westküste von Cres

Wenn Sie aus Richtung Stadt Cres auf der N 100 nach Porozina fahren, kommen Sie kurz vor Filozići an der Abzweigung nach Dragozetići vorbei. Hier parken Sie auf dem kleinen freien Platz neben der Straße, denn im Ort selbst gibt es keine Möglichkeit.

Der Weg in den Ort und weiter zum Strand geht recht steil bergab (und zurück entsprechend mühsam wieder bergauf) - denn Dragozetići liegt 300 Meter über dem Meer.

Der Ort zählt zu den ältesten Siedlungen auf Cres. Hier wurden die Gottesdienste noch bis ins 20. Jahrhundert in altkroatischer Sprache abgehalten. Die Kirche am Hauptplatz hat man im 19. Jahrhundert errichtet. Die Steine, aus der sie besteht, stammen allerdings aus einer Kirche aus dem 15. Jahrhundert. Sie stand auf dem Friedhof von Dragozetići und war zu ihrer Zeit die Hauptkirche des Ortes. Von der ehemals sehr großen Kirche blieb nur das übrig, was heute als Friedhofskapelle dient.

Unter dem großen Baum vor der Kirche am urtümlichen Hauptplatz, die dem Heiligen Fabianus und dem Heiligen Sebastian geweiht ist, treffen sich die Bewohner zum Pläuschchen. Von hier geht man zuerst zum Friedhof (hat man die Kirche an seiner linken Seite, ist es der kleine Weg geradeaus). Ab Friedhof sind es noch knapp zwei Kilometer über den teils schattigen und gegen Ende hin steilen ehemaligen Napoleon-Weg, der in Höhe des Friedhofs nach links abzweigt.

Das Besondere am Strand von Dragozetići sind die Ruinen der Fischerhütten und die steil aufragenden Felsen. Nicht vergessen, Trinkwasser mitzunehmen!

Die Schotterstraße von Sveti Petar nach Konec

Dies ist kein Rundweg, man muss also den ganzen Weg wieder zurückgehen. Er beginnt an der Kreuzung in der Ortschaft Sveti Petar und führt durch dichte Eichen- und Kastanienwälder über Ivanje bis Konec. Ivanje ist ein Dorf, in dem nur noch ein paar alte Leute leben. Die Gegend ist Jagdgebiet, denn es gibt viel Damwild. Die Straße, die hauptsächlich von Jägern befahren wird, ist anfangs asphaltiert, später wird sie zum Feldweg, der teilweise geschottert ist.

Der Verkehr hält sich in Grenzen, höchst selten kommt mal ein Auto vorbei.

Der kleine Ort Sv. Petar (Hl. Petrus), an dem die Route beginnt, befindet sich etwa auf halbem Weg zwischen der Abzweigung von der N 100 nach Beli und Beli selbst. Dort steht auf der linken Seite am Beginn des Dorfes eine Eiche, deren Alter auf etwa 500 Jahre geschätzt wird. Sie gilt als Naturdenkmal, ist zwanzig Meter hoch, hat im unteren Bereich einen Durchmesser von etwa sechs Metern. Ihre Krone dehnt sich auf etwa zweiundzwanzig Meter aus. Am Fuß des Baumes ist eine Aushöhlung, die groß genug ist, dass ein sechsjähriges Kind aufrecht in ihr stehen kann. Es heißt auch, dass in der Baumhöhle eine zahnlose, geifernde Alte hockt. Ein Junge, der sie zum ersten Male besucht, muss das alte Weib küssen – und was dann passiert? Versuchen Sie's!

Im Jahr 2003 wurde der Baum von einem Sturm schwer beschädigt. Um ihn zu entlasten, mussten die größten Äste entfernt werden. Aus dem Holz wurde die Bank gefertigt, die jetzt neben der Eiche steht.

Auf dem weiteren Weg kommt man an mehreren verlassenen Orten, einem bewirtschafteten Hof und einem Teich vorbei, an dem sich die Wildtiere mit

Wasser versorgen. Unweit von Konec gibt es einen Aussichtspunkt. Von dort überblickt man die Kvarner Bucht bis hin nach Rijeka.

Tipp: *Der Schotterweg eignet sich auch für eine Radtour mit dem Mountainbike.*

Ein Weg mit toller Aussicht – Gipfel Sis

Noch um zehn Meter höher wäre der Gipfel Gorice - höchster Gipfel des Archipels. Doch von der prähistorischen Burgruine auf dem Sis hat man einen freien und wunderschönen Ausblick auf die gesamte Umgegend. Diese Burg, von der kaum noch etwas zu sehen ist, war ehedem ein Beobachtungsposten der Liburner. Hier ist die schmalste Stelle der Insel, so konnten sie nach Westen und Osten hin alles überblicken. Näherten sich fremde Schiffe oder machten sie sonst eine Gefahr aus, gaben sie Feuerzeichen.

Der Aufstieg ist einen Kilometer lang und dauert etwa vierzig Minuten. Sie fahren auf der Hauptstraße der Insel (die N 100) bis zur Abzweigung nach Beli. Dort gibt es einen großen freien Platz, auf dem man parken kann. Der Gipfel Sis ist der Hügel, der in der Gabelung liegt. Als Wanderung an heißen Sommertagen ist dieser schattenlose Weg allerdings nicht zu empfehlen.

Um zum Gorice zu gelangen, müssten Sie auf der N 100 noch ein Stück weiter Richtung Norden fahren.

Die typischen Holztore, die man auf allen Wanderwegen findet

Die sieben offiziellen und lehrreichen Wanderwege der Tramuntana

Die Wege führen Sie zu Kunstwerken, verlassenen Dörfern, Höhlen, Labyrinthen und Teichen, an denen sich Tiere laben. Sie sind gut sichtbar mit verschiedenen Farben gekennzeichnet. Einzig dort, wo der blaue und der schwarze Weg ein Stück gemeinsam haben, muss man aufpassen. Denn ist die schwarze Markierung von der Sonne ausgebleicht, kann man sie mit der blauen verwechseln. Weil die Wege teils sehr steinig sind, ist gutes Schuhwerk notwendig.

Sechs der sieben Wanderwege beginnen in Beli bei der Pension Tramuntana. An einer Hausmauer hinter der Kneipe wurde ein Übersichtsplan angebracht.

Der türkise Weg

ist der kürzeste Weg. Er trägt den Namen 'Im Zusammenspiel mit der Natur', ist nur 1,4 Kilometer lang, leicht begehbar und wurde für Familien mit kleineren Kindern angelegt.

Der schwarze Weg

Man nennt ihn 'Durch den Bach', denn er führt durch einen Canyon. Deshalb kann er nur begangen werden, wenn das Bachbett trocken ist. Er ist unwesentlich länger als der türkise Weg (1,9 Kilometer) aber für Kletterer gedacht und sehr anspruchsvoll. Falls

Kinder dabei sind, sollte man sie an schwierigen Stellen anseilen. Als Steighilfen sind Eisensprossen angebracht. Ab der alten Römerbrücke, unter der der Weg durchführt, wird er noch schwieriger. Wer bis dahin schon an seine Grenzen gekommen ist, sollte an dieser Stelle aussteigen.

Der 'Schwarze Weg' beginnt am Strand und ehemaligen Hafen von Beli (Potbeli) beim Zeltplatz. Zwischen dem Friedhof und der Kneipe geht es auf einer steilen Straße hinunter - bis zum Strand sind es 700 Meter.

Der Grüne Weg

ist fünf Kilometer lang. Er wir auch 'Popijes Weg' genannt (zu Deutsch 'Pepsi Weg'). So heißt das Maskottchen des 'Eko-Center' von Beli, ein kleiner Esel. Dieser Weg verläuft nahezu ohne Steigungen, ist schattig und führt zwischen Schafweiden und Trockenmauern, an Tümpeln und einem Labyrinth vorbei.

Der blaue Weg

ist der 'Weg des Masmalić' - Sie erinnern sich? So heißen die Gnome, die in diesen Wäldern leben! Er ist sechs Kilometer lang – und wer weiß, vielleicht treffen Sie ja den einen oder anderen Macmalić.

Der violette Weg

Ihn nennt man 'Weg der Feen'. Er ist einfach zu begehen und hat eine Länge von sieben Kilometern. Er fällt die ersten paarhundert Meter mit dem grünen und dem roten Weg zusammen. Geht man ihn, kommt man an vier der insgesamt sieben Labyrinthe vorbei, die in der Tramuntana aufgebaut wurden.

Der orange Weg

heißt 'Weg der Orchideen' und ist zehn Kilometer lang. Über den 'blauen Weg' kann man ihn auch von Beli aus erreichen. Doch als Rundweg startet er in Porozina. Von dort kann man ihn in zwei Richtungen gehen. Wenn Sie die linke Abzweigung des Weges nehmen, kommen Sie zuerst zu dem verlassen Dorf Rosuja. Von dort hat man eine wunderschöne Aussicht auf die Kvarner Bucht bis hinüber nach Istrien. Weiter geht es bis zum Dorf Petričevi, wo der orangefarbene und der blaue Weg zusammentreffen. Würden Sie hier dem blauen Weg folgen, kämen Sie nach Beli. Gehen Sie aber weiter auf dem 'Weg der

Orchideen', kommen Sie wieder zum Ausgangspunkt zurück.

Man findet auf diesem Weg nicht nur heimische Orchideen, sondern auch skurrile, abgestorbene Eichen, oder Eichen mit 'Baumhöhlen', und immer wieder hat man einen weiten Ausblick bis hin zum Meer.

Der rote Weg

wird 'Geschichts- und Kunstausstellung in der Natur' genannt, denn er führt an Kunstwerken des Steinbildhauers Ljubo de Karina entlang. Die Inschriften stammen von Andro Vid Mihičić, dem Philosophen und Dichter, der aus Beli stammte und dort auch begraben liegt. Er hat diese Verse als 'Nahrung für die Seele' bezeichnet.

Auf diesem Weg sieht man außerdem den 'weinenden Fels'. Er heißt so, weil er einem Gesicht ähnelt, in dessen beiden 'Augen' meistens ein wenig Wasser steht, das sich vermutlich im Riss des Felsen ansammelt und durch ihn dort hineingeleitet wird.

Auch an der tiefsten Höhle (101 Meter) von Cres kommt man auf dem 'Roten Weg' vorbei, man sollte sie jedoch nicht ohne Führer begehen! Die Höhle hat einige Berühmtheit erlangt, als in ihr die einzigen vollständigen und 12 000 Jahre alten Skelette von Höhlenbären im südlichen Europa gefunden wurden. Auch drei bis dahin unbekannte Höhlenkäfer wurden in ihr entdeckt. Zudem diente die Höhle im Zweiten Weltkrieg Menschen, die verfolgt wurden und untertauchen mussten, als Versteck. Sie haben sich mit Bleistift an den Höhlenwänden und Tropfsteinen verewigt.

In einer anderen, kleineren Höhle auf dem 'Roten Weg' lebte einer Legende nach ein Drache. Wen wundert es da, dass sie Drachenhöhle heißt!

Dieser Wanderweg ist zehn Kilometer lang. Auch er beginnt in Beli und führt an der römischen Brücke und an der restaurierten Kapelle Sv. Ivan Krstitelj vorbei.

Die Labyrinthe in der Tramuntana

Labyrinthe sind nicht zu verwechseln mit Irrgärten. In einem Irrgarten kann man sich verlaufen. In einem Labyrinth, egal welche Form es aufweist, kann einem das nicht passieren, denn der Weg führt ohne Wahlmöglichkeiten zum Ziel.

Wer ein Labyrinth geht, geht symbolisch betrachte den Weg zur eigenen Mitte. Er wird feststellen, dass er immer wieder glaubt, schon gleich am Ziel zu sein, doch plötzlich führt ihn eine Biegung wieder fort davon! So ist es auch im Leben. Ein ewiges hin und her. Ein fortwährendes Suchen nach dem kürzesten Weg. Immer dem Ziel entgegen, das aber letztendlich der Tod ist.

Das ist das Geheimnis eines Labyrinths: Es symbolisiert den Weg, der das Ziel ist, aber auch den Tod (die Mitte), und die Wiedergeburt (Weg zurück aus dem Labyrinth). Deshalb wurden Labyrinthe in allen Kulturen mit der großen Muttergöttin in Zusammenhang gebracht, aus deren Schoß das Leben kommt, und in deren Schoß es zurückkehrt.

Auch dem klassischen Labyrinth - der Palast des Minos - liegt diese Reise in die jenseitige und die Rückkehr in die diesseitige Welt zugrunde. Dass Theseus den berühmten Ariadnefaden brauchte, hatte dabei nichts mit möglichen Irrwegen zu tun. Er brauchte ihn, um die Verbindung zur Oberwelt zu behalten. Nur so hatte er die Kraft, überhaupt wieder ins Leben zurückzukehren. Denn die Unterwelt hielt ihre Besucher auf magische Weise fest.

Später fanden Labyrinthe auch Eingang in christliche Kirchen, wo sie als Fingerlabyrinthe neben Portalen, als Meditationslabyrinthe auf Fußböden oder als Heckenlabyrinthe in Klöstern auftauchten.

Dass ein paar kluge Leute in der wilden Tramuntana verschiedene Formen klassischer Labyrinthe aufgebaut haben, ist viel mehr als bloß ein PR-Gag. Es ist eine wunderbare Möglichkeit, sich mit der Natur und dem eigenen Innersten zu verbinden. Man kann sich 'hineinbegeben' in diese Labyrinthe, sie erspüren, sie vergleichen und wird dabei vielleicht etwas über sich erfahren. Es liegt an einem selbst und wohl auch am 'richtigen' Moment; denn wie wir wissen, gibt es eine Zeit für dies und eine Zeit für das.

Labyrinth Vesna

Es ist der Nachbau eines Boden-Labyrinths aus der Kathedrale 'Notre Dame de Chartres' in Frankreich, die der Muttergottes geweiht ist. Auch Maria war im vorchristlichen Naturglauben einer Mutter- und Mondgöttin. Noch heute wird sie oft auf einem liegenden Halbmond dargestellt. In der Tramuntana wurde dieses Labyrinth der altkroatischen Göttin Vesna gewidmet, eine Göttin des Frühlings, die für das erwachende Leben von Mensch, Tier und Natur steht.

Labyrinth Ishtara

Ishtara war eine Göttin der Babylonier. Bei den Sumerern hieß sie Inanna, bei den Hebräern war sie unter dem Namen Astarte bekannt. Sie ist ebenfalls eine Fruchtbarkeitsgöttin, und so symbolisiert auch dieses Labyrinth die Mutter Erde, aus deren Schoß wir kommen und in deren Schoß wir gehen.

Labyrinth Tara

Tara ist eine buddhistische und hinduistische Göttin. Ihr Name bedeutet Retterin, aber auch Stern. Sie verkörpert die weibliche Gottheit an sich und kann somit als Appelativ aller Göttinnen bezeichnet werden. Es heißt, sie sei aus einer Träne von Avalokiteshvara entstanden – der Herr des inneren Lichts.

Labyrinth Isis

Dieses Labyrinth wurde der ägyptischen Göttin der Fruchtbarkeit, Liebe und Heilkunde gewidmet. Sie ist die Schwester und Gattin von Osiris (siehe unten), symbolisiert Geburt, Fruchtbarkeit und Reichtum. Isis wird auch mit der 'Schwarzen Madonna' aus der Pfarrkirche von Beli in Verbindung gebracht.

Labyrinth Osiris

Osiris ist in der altägyptischen Religion der Sohn des Erdgottes Geb und der Himmelsgöttin Nut. Er wurde von seinem Bruder Seth ermordet, zerstückelt und überallhin verstreut. Die Leichenteile wurden aber von seiner Schwester Isis wieder zusammengesammelt und zu neuem Leben erweckt, wodurch sie von ihm ihren Sohn Horus empfangen konnte. Auch dieser Mythos symbolisiert also Tod und Wiederauferstehung und damit Fruchtbarkeit und Vegetation. Es ist das einzige Labyrinth der Tramuntana, das nicht aus Steinen, sondern aus verschiedenen wildwachsenden Inselpflanzen wie Salbei, Sand-Strohblumen, Sand-Thymian und anderen besteht.

Labyrinth Rusalka

Rusalka ist eine Wassernymphe der Ostslawen. In Mondnächten tanzt sie mit ihren Gefährtinnen nackt oder in gürtellosen weißen Gewändern auf Waldwiesen. Das schallende Gelächter, das sie dabei ausstößt, tötet Menschen. Rusalkas Name weist auf das altrussische Frühlingsfest 'rusalija' und die im antiken Balkan bekannten 'Rosalien' hin, die auf ein mit dem Totenkult zusammenhängendes römisches Rosenfest zurückgehen.

Labyrinth Lada

Auch dieses Labyrinth ist, wie das der Vesna, eine Replikation. Es wurde dem römischen Labyrinth in Pula nachgebildet.

Die Göttin Lada steht hier für den Sommer. In tschechischen und russischen Hochzeitsliedern aus dem Mittelalter, taucht häufig der Ausruf 'Lada' in der Bedeutung 'Geliebte' auf, darum wurde Lada als slawische Liebesgöttin gesehen. Im 15. Jahrhundert wird sie als Mutter der göttlichen Zwillinge Lel und Polel bezeichnet. Anfang des 16. Jahrhunderts besangen die Letten und Litauer Lada in rituellen Liedern und brachten ihr weiße Hähne als Opfergabe dar. In einem serbokroatischen Lied wird sie um Regen angefleht. Hier schließt sich der Kreis wieder - Liebe, Fruchtbarkeit und die Bitte um Regen in heißen Sommertagen.

Die Gänsegeier von Cres

Wenn man in den Himmel über der Insel schaut, sieht man dort oft riesige Vögel kreisen. Manchmal sind es Adler, aber zumeist Gänsegeier. Man erkennt sie an der zweifarbigen Unterseite ihrer Flügel.

Gänsegeier gehören zusammen mit den europäischen Seeadlern, den Sperbern, den Habichten, den Rotmilanen und den Mäusebussarden zur Familie der 'Habichtartigen Greifvögel'. Sie zählen zu den geschützten Arten, denn sie sind von Aussterben bedroht. Hauptsächlicher Grund: Als Aasfresser finden sie in Mitteleuropa nicht mehr genügend Futter. Früher war es gang und gäbe, Nutztierkadaver auszulegen, doch das ist bei uns längst verboten. Auch giftige Fuchsköder sind ein Problem für diese majestätischen Vögel. Darüber hinaus wurden sie bis ins letzte Jahrhundert stark bejagt. Heute kommen Gänsegeier nur noch in Südeuropa, in Nordafrika, auf dem Balkan, in der Türkei und in einigen arabischen Ländern vor.

Mit einer Größe von bis zu 110 Zentimetern, einer Flügelspannweite bis zu 290 Zentimetern und einem Gewicht zwischen 7 und 12 Kilogramm zählen sie zu den größten fliegenden Vogelarten. Männchen und Weibchen der Gänsegeier gleichen sich, auch in der Größe gibt es kaum sichtbaren Unterschiede, aber die Weibchen können etwas größer werden. Ihre Geschlechtsreife erreichen sie im vierten bis sechsten Jahr.

Kopf, Hals und Schnabel sind weißlich, Rückengefieder und Unterseite braun, Schwingen und die relativ kurzen Schwanzfedern schwarz. Beine und Zehen sind dunkelgrau und haben kräftige, scharfe Krallen. Das auffälligste an Gänsegeiern ist ihr langer, schmaler Hals, der helle 'Kragen' und die dunkeln Federn unter den Augen, die ihnen ein etwas grimmiges Aussehen verleihen.

In manchen Kulturen glaubt man, dass im Leib der Geier die Toten zu neuem Leben aufsteigen, dort gelten sie als heilige Tiere. Doch meist sind sie verpönt, weil sie sich von Aas ernähren und ihnen deshalb der Geruch des Todes anhängt. Vielleicht waren sie aus diesem Grund so verhasst und gefürchtet, dass man sie fast ausgerottet hat.

Die Balz besteht aus dem sogenannten Tandemflug. Die Paare fliegen einige Zeit übereinander oder nebeneinander, stürzen sich gleichzeitig in die Tiefe und kreisen wieder weiter. Ein beeindruckendes Schauspiel, das man auf Cres beginnend ab Oktober beobachten kann.

Gänsegeier, die sich zu Paaren gefunden haben, bleiben sich bis zum Lebensende treu. Sie bauen ihre Nester aus Zweigen, Gras und Wolle auf Klippen und leben in Kolonien von zwei bis mancherorts sogar zu hundert Paaren. Das Weibchen legt pro Jahr nur ein Ei, das von beiden Elternteilen bebrütet wird. Nach zwei Monaten schlüpft der Nestling und wird nach etwa vier Monaten flügge. In freier Natur haben sie eine Lebenserwartung von durchschnittlich 25 Jahren. Zu ihren Feinden zählt der Adler, vor allem aber der Mensch.

Noch bietet die Insel Cres diesen majestätischen Vögeln einen günstigen Lebensraum. Zum Nisten benötigen sie Steilhänge, die es im Norden und Osten von Cres gibt. Die Thermik, die dort herrscht, hilft ihnen aufzusteigen. Und sie finden meist noch genügend Aas verendeter, wildlebender Schafe und als Nistmaterial Wolle, die an Sträuchern hängen bleibt. Doch wie lange wird das noch so bleiben? Jetzt schon müssen sie ab und zu beigefüttert werden.

Achtung: *Gänsegeier sind ausgesprochen empfindlich, was Störungen betrifft. Darum darf man auf gar keinen Fall versuchen, dicht an die Nester heranzukommen, und sollte auch jeglichen Lärm vermeiden. Im ökologischen Forschungszentrum für Naturschutz von Beli widmet man sich ihrem Schutz und kümmert sich um kranke Tiere.*

Stadt Cres

Parken

Falls Sie Ihr Feriendomizil nicht in dieser Stadt haben und mit dem Auto zur Sightseeingtour kommen, erhebt sich die Frage, wo parken. Rund um den Hafen ist Fußgängerzone. Auch in den angrenzenden schmalen Gässchen findet man so gut wie keinen freien Platz. Drei Möglichkeiten bieten sich an.

Parkplatz im Westen

So kommen Sie hin: *Am Kreisverkehr an der Hauptstraße nach Cres abbiegen. Am blauen Brückengeländer links Richtung Melin-Kimen. Am Turm vorbei, der Parkplatz liegt rechts.*

Von dort zu Fuß zum Hafen: Gehen Sie zurück und kurz vor dem Turm scharf rechts, dann immer geradeaus, leicht bergab.

Parken beim Einkaufszentrum

Um hinzukommen, verlassen Sie die N 100 am Kreisverkehr, dann gleich die erste Möglichkeit rechts.

Haben Sie geparkt, gehen Sie die Auffahrt wieder hinunter bis zur Straße, dort nach rechts. Den Kreisverkehr haben Sie nun im Rücken. Nach etwa 200 Metern zweigt ein Weg nach links ab. Bis zum Altstadtkern geht man insgesamt etwa einen Kilometer.

Parken an der Marina

Folgen Sie von der N 100 die Abzweigung zur Marina. Dort bezahlt man fürs Tagesticket ein paar Euro. Danach geht man am Ufer entlang zur Altstadt. Beginnen Sie mit unserem Rundgang am Franziskaner-Kloster.

Diesen Parkplatz empfehlen wir für Rollstuhlfahrer und große Campingfahrzeuge oder Gespanne. Für kleine Campingfahrzeuge sind alle drei Parkplätze geeignet.

Wissenswertes über die Stadt

Cres ist die größte Stadt der Insel. Sie liegt in einer weitläufigen Bucht auf der nördlichen Hälfte von Cres. Durch die Hügel, die sich vom Meer nach Osten hin erstrecken, ist sie vor der kalten Bora geschützt.

Ein guter Grund, sich an dieser Stelle niederzulassen, das erkannten bereits die Menschen, die sich hier als erste angesiedelt hatten.

Cres schmückt sich mit dem Beinamen 'Kleines Venedig', was ein wenig hoch gegriffen ist. Undanks dessen bezaubern die engen Gassen rund um den kleinen Hafen durch ihr südländisches Flair. An der sonnenüberfluteten Promenade reihen sich Restaurants, Caféhäuser und Bars aneinander, von denen aus man den flanierenden Touristen mit ihren Hunden zusehen und die Sonne genießen kann. Ja, Hunde gibt es viele in Cres, und wer die treuen Vierbeiner nicht leiden kann, wählt für seinen Urlaub besser einen einsamer gelegenen Ort auf der Insel. Doch ein Besuch der Stadt Cres sollte keinesfalls ausgelassen werden!

Das Motto der Stadt heißt: 'No Stress in Cres!' Man findet den Spruch auf Booten oder Autos, auf Plakaten, Türen und in Schaufenstern. In den Restaurants wird die typische mediterrane Küche angeboten - Fische, Muscheln, Krebse und Tintenfisch, mediterranes Gemüse, verschiedene Teigwaren, Wild und natürlich Lammfleisch. Und das alles gewürzt mit den

Kräutern der Insel und dem guten Olivenöl, das auf Cres gewonnen wird.

Geschichte der Stadt

Zur Zeit der alten Römer hieß die damalige Siedlung Crepsa, und die alten Griechen nannten sie Chersos. Nachdem Osor im 15. Jahrhundert als Hauptstadt der Insel aufgegeben wurde, nahm Cres ihren angestammten Platz ein. Weil es immer wieder Überfälle von kriegerischen Uskoken oder Piraten gab und innerhalb der mittelalterlichen Stadtmauern kein Platz mehr zur Verfügung stand, um neuen Wohnraum zu schaffen, wurde sie von den Venezianischen Herren im 16. Jahrhundert niedergerissen oder verbaut und eine neue, größere Befestigung nach einem nahezu quadratischen Grundriss angelegt. Heute sind jedoch nur noch wenige Überreste dieser Türme, Mauern und Stadttore aus der Renaissance zu sehen.

Doch auch diese neue Befestigung erwies sich bald schon als zu klein, und so war man gezwungen, jedes freie Fleckchen Grund zu bebauen. Ganze Plätze verschwanden, die Gassen wurden enger, die Gebäude höher, bis es irgendwann keine Möglichkeit mehr gab, weiterzubauen. Dieser Tatsache ist es zu verdanken, dass Cres heute noch annähernd so aussieht wie vor Hunderten von Jahren.

Rundgang

Wenn Sie durch die Stadt schlendern, halten Sie Ihre Augen auf. Oben, unten, am Gemäuer – überall gibt es etwas zu sehen!

Entdecken Sie zum Beispiel in den Kopfsteinpflastern des ältesten Stadtteils mittig eine gerade Linie von rechteckigen Pflastersteinen? Das ist ein Zeichen, dass Sie sich in einer durchgehenden Gasse befinden. Fehlt eine Mittellinie, sind Sie in eine Sackgasse geraten. Diese Art der Markierung findet man auch in anderen altertümlichen Städten Kroatiens. Achten Sie auch auf die wunderschönen Schachtdeckel der Kanalisation. Darauf ist das Stadtwappen von Cres abgebildet, das ein aufgebäumtes Pferd zeigt.

Über den Eingängen oder Fenstern vieler Gebäude kann man Wappen oder in Stein gemeißelte Embleme entdecken, die auf den Stand oder den Beruf der Familie hindeuten, die einst in diesem Haus lebte. Ein Anker ziert zum Beispiel in der Ribarska Nr. 2 das Haus einer Seefahrerfamilie, in der Ribarska Nr. 31 sieht man einen Fisch im Fenstersturz. Mehr als zweihundert solcher Zeichen und Wappen kann man in der Altstadt von Cres finden. Schaut man nach oben, wird man schöne Luftnasen entdecken oder hin und wieder feststellen, dass eine Gasse überbaut ist – so konnte weiterer Wohnraum geschaffen werden.

Der Hafen

Betrachtet man den Hafen genau, wird man erkennen, dass es einen inneren und einen äußeren Hafen gibt. Das innere Hafenbecken schließt an die Altstadt an. Auf den beiden Molen, die in dieses Hafenbecken ragen, standen bis ins Ende des 18. Jahrhunderts noch hohe Mauern. Während der venezianischen Herrschaft wurde die Öffnung zwischen den Molen nachts oder zu Kriegszeiten mit Ketten verschlossen. Vor diesem inneren Hafen, in dem die Boote und kleinen Fischkutter ankern, befindet sich der äußere Hafen. Dort legen heute wie einst die Fähren und größeren Schiffe an.

Bei dem 'Ungetüm' mit der blauweißen Bemalung, das im äußeren Hafen liegt, handelt es sich um eine schwimmende Werft. Gab es einen Notfall, wurde sie zu dem beschädigten Schiff geschleppt, um es an Ort und Stelle reparieren zu können. Die schwimmende Werft stammt aus dem Jahr 1913 und wurde ursprünglich als Dock für Unterwasserboote gebaut. Noch bis in unsere Zeit hinein wurde sie genutzt. Doch für heutige Bedürfnisse ist sie zu klein geworden, und so sind ihre Tage gezählt. Es wird darüber nachgedacht, ein Werft-Museum daraus zu machen.

Der Hauptplatz

Wir beginnen unseren kleinen Rundgang am Hauptplatz beim Hafen. Unweit des heutigen Brunnens, der nachts in allen Farben erstrahlt, stand früher ein gefasster Brunnen mit fünf Wasserhähnen. Von dort holten die Frauen noch im letzten Jahrhundert das Wasser, denn erst seit den 1970er Jahren sind die Haushalte an eine Wasserleitung angeschlossen.

Hat man das Hafenbecken und den Brunnen im Rücken, sieht man schräg rechts die Stadtloggia aus dem 16. Jahrhundert. Sie wurde, als Venedig Cres zur Hauptstadt der Insel ernannte, zeitgleich mit dem Prätorpalast und einem Gefängnis erbaut. In der Loggia fanden Gerichtsverhandlungen statt und trafen sich die hohen Herren, um öffentlich Beschlüsse zu fassen. Direkt vor der Loggia stand der Pranger und wurde Markt abgehalten. Letzteres ist auch heute noch so - an Markttagen kann man hier das gute Olivenöl, Honig und Gewürze erstehen. Der Fischmarkt findet ebenfalls hier statt und ist nur morgens ab 7 Uhr geöffnet.

Der Prätorpalast mit dem anschließenden Gefängnis stand links vom Uhrturm. Prätoren waren die höchsten Richter eines Staates und berechtigt, zum Beispiel im Kriegsfall, den Konsul der Provinz zu vertreten und die Obergewalt zu übernehmen. Sie wurden für ein Jahr vom Volk gewählt. Das Gebäude, in dem die Prätoren von Cres einst residierten, war jedoch baufällig und musste 1854 abgerissen werden. Nur ein Teil blieb stehen – das Gefängnis. Es ist das Eckhaus am linken Ende der Häuserzeile, in dem heute ein Geschäft untergebracht ist. Die Einheimischen nennen das Gebäude immer noch 'przun' – das kroatische Wort für Gefängnis.

Auch der Uhrturm über dem 'Seetor' stammt aus dem 16. Jahrhundert und ersetzt einen älteren Uhrturm, der abgerissen wurde, weil er den Hohen Herren nicht mehr repräsentativ genug erschien.

Betrachtet man die Pflasterung des Platzes linkerhand, entdeckt man den Grundriss einer Kirche, der als Markierung in den Boden eingelassen wurde. Sie war dem Heiligen Johannes geweiht und wurde Anfang des 19. Jahrhunderts abgerissen, um dem Platz mehr Weite zu geben.

So gehen Sie weiter: *Geradeaus durch das 'Seetor' (Tor mit der Uhr). Sie kommen nach wenigen Schritten zum freistehenden Glockenturm (Campanile) der Kirche der 'Heiligen Maria vom Schnee'. Rechts an ihm vorbei gehen Sie auf das Kirchenportal zu.*

Maria vom Schnee - die Kathedrale von Cres

Bis Ende des 15. Jahrhunderts war die Kirche des Heiligen Sidar die Hauptkirche der Stadt. Doch nachdem beschlossen war, dass der Hauptsitz der Insel von Osor nach Cres verlegt werden sollte, erschien sie der Obrigkeit nicht repräsentativ genug. Also musste schnell eine größere Kirche her. Gerade war in Osor mit dem Bau einer neuen Kathedrale begonnen worden, und so entschied man kurzerhand, nach den bereits vorhandenen Plänen der Kathedrale von Osor in Cres genau die gleiche Kirche zu bauen und sie der 'Maria vom Schnee' zu weihen.

Der 'Maria vom Schnee' liegt eine Legende zugrunde, der zufolge anno 358 in der Nacht auf den 5. August dem römischen Patrizier Johannes und seiner Frau die Madonna erschien. Sie versprach ihnen, dass sie den langersehnten Sohn bekommen sollten, wenn ihr zu Ehren dort eine Kirche errichtet wird, an der am folgenden Morgen Schnee liegt. Papst Liberius hatte denselben Traum gehabt, und tatsächlich lag am Morgen auf dem Esquilinhügel - einer der sieben Hügel Roms - Schnee. So entstand in Rom die 'Papstbasilika Santa Maria Maggiore', die *Mutterkirche* aller Maria-Schnee-Kirchen. Ihr folgten in fast allen katholischen Ländern unzählige Kirchen und Kapellen, die der Maria vom Schnee geweiht wurden.

Über dem Portal der Kathedrale von Cres wird die Verkündigungsszene dargestellt. Links oben sehen Sie den Erzengel Gabriel, rechts die Jungfrau Maria. Über den beiden eine Jakobsmuschel, das Schutzzeichen der Pilger. Man findet sie in Cres an vielen Stellen, zum Beispiel auch über der Tür zum Benediktinerinnen-Kloster. Die Inschrift zwischen Gabriel und Maria lautet NIHIL DEEST TIMENTIBUS DEUM - Nichts mangelt jenen, die Gott fürchten'. Im halbkreisförmigen Wandfeld darunter, einer Lünette, wird die 'Mutter Gottes mit dem Kind' nach dem Vorbild eines Gemäldes dargestellt, das wenige Jahre zuvor der Maler Giovanni Bellini geschaffen hatte. Giambellino, wie er auch genannt wurde, stammte aus einer venezianischen Malerfamilie. Zusammen mit seinem Bruder Gentile begründete er die venezianische Malerschule der Frührenaissance. Heute hängt dieses Gemälde in der Galerie dell' Accademia di Venezia.

Die Kathedrale von Cres wurde 1497 fertiggestellt, der Glockenturm jedoch erst im 17. Jahrhundert. Auch die Renaissancearkaden, die den Innenraum der Kathedrale unterteilen, sind jüngeren Datums. Sie entstanden im 17. und 18. Jahrhundert. Bei einem großen Brand im Jahr 1826 wurde die Kirche schwer beschädigt, danach jedoch identisch wiederaufgebaut. Viele der Kunstwerke gingen dabei verloren, doch die aus Holz geschaffene Pietà aus dem 15. Jahrhundert (in einem Schrein am linken Seitenaltar) konnte gerettet werden. Ebenso die 'Schutzmantel-madonna', die im 15. Jahrhundert von Alvise Vivarini gemalt wurde. Das Gemälde 'Legende vom Sommerschnee', das über dem Hauptaltar zu sehen ist, schuf der Venezianer Cosroe Dusis im Jahr 1833 als Ersatz für ein Gemälde von Andrea Vicentino, das den Flammen zum Opfer gefallen war.

Am Hauptaltar werden Reliquien der Heiligen Sidar (Isidor) und Gaudentius aufbewahrt. Sie sind die Schutzheiligen von Cres und Osor.

So gehen Sie weiter: *An der Kathedrale vorbei und dahinter rechts in die Ul. Sveti Sidar. Dann 60 Meter geradeaus bis zur*

Kirche des Hl. Sidar

Der Heilige Isidor (die Einwohner von Cres nennen ihn Sidar, die griechische Form von Isidor), ist der Stadtheilige und Schutzpatron der Seefahrer. Er diente im römischen Militär und predigte u.a. auf der griechischen Insel Chios. Weil er nicht bereit war, den römischen Göttern zu opfern, sondern am christlichen Glauben festhielt, wurde er enthauptet. Seine Überreste wurden 1355 gestohlen und von der

Insel Chios nach Venedig gebracht. Von dort gelangte die Reliquie, die in der Kathedrale aufbewahrt wird, auch nach Cres. Sein Ehrentag ist der 2. Januar.

Bevor die Kathedrale gebaut wurde, war die Kirche des Hl. Sidar die Hauptkirche des Ortes. Sie gilt als älteste Kirche der Insel. Im 12./13. Jahrhundert im romanischen Stil erbaut, wurde sie jedoch über die Jahre mehrmals umgestaltet. Bis ins 16. Jahrhundert gab es noch einen großen Platz davor, auf dem man sich traf. Als die Stadt immer weiter expandierte und man Häuser aus Platzmangel sogar mitten auf Straßen gebaut hat, wodurch sie zu Sackgassen wurden, verschwand auch dieser Platz.

Die Kirchenglocke stammt aus dem 14. Jahrhundert und zählt zu den ältesten der Insel. Sie trägt eine Inschrift im creser cakawischen Dialekt - „Sveti Sider, kampanun do grada, ti nas čuvaj do gveri i glada" (Heiliger Sider, Schutzpatron der Stadt, bewahre uns vor Krieg und Hunger). In der Lünette über dem Eingang sieht man ein Relief des Hl. Isidor. Auf seiner rechten Seite ist ein Abbild der Stadt zu sehen, auf seiner linken das aufgebäumte Pferd mit Vogelkrallen, das sich auch im Stadtwappen wiederfindet. In der Kirche ist vor allem eine spätgotische Skulptur des Hl. Isidor sehenswert, die aus dem 15. Jahrhundert stammt.

So gehen Sie weiter: *Bis zur Kreuzung, dort rechts. Nach ein paar Metern kommen Sie auf einen kleinen Platz, die ehemalige 'Piazetta Arsan', heute Ribarska ulica.*

Der Platz und das Denkmal des Franjo Petrić

Als erstes fällt eine Skulptur auf, die den Philosophen und Reformer Franjo Petrić (auch Francesco Patrizi da Cherso oder Franciscus Patricius genannt) zeigt. Sie wurde von der Bildhauerin Marija Ujević geschaffen.

Franjo Petrić wurde anno 1529 vermutlich in dem Patrizierpalast geboren, den Sie hinter der Plastik sehen können. Er war der Sohn des Stadtrichters Francesco Petrić und der Marija Lupetina. Sein Onkel Ivan Jurje holte den kleinen Franjo im Alter von neun Jahren auf das venezianische Kriegsschiff, auf dem er Kapitän war. Nach vier Jahren auf See besuchte der inzwischen Dreizehnjährige eine Kaufmannsschule in Venedig. Danach ging er nach Ingolstadt (damals Sitz der Bayrischen Universität) und schließlich nach Padua, um Medizin und Philosophie zu studieren. 1551, im Alter von 22 Jahren, schrieb er sein bekanntestes Werk 'Città felice' (Glückliche Stadt), in dem er eine Beziehung zwischen Stadt und Poetik herstellte. Außerdem übersetzte er Texte aus dem Griechischen ins Lateinische, unter anderem die Prophezeiungen des Zarathustra. 1554 musste er wegen eines Erbstreits nach Cres zurückkehren, wo er sich zwei Jahre lang aufhielt. Anschließend reiste er einige Jahre, bis er schließlich in Ferrara und später in Rom Platonische Philosophie lehrte. Am 6. Februar 1597 starb er im Alter von 68 Jahren in Rom, dort liegt er auch begraben.

Der einstige Name des Platzes und des spätgotischen Stadtpalastes 'Arsan' bezieht sich auf ein Arsenal, das sich an dieser Stelle befand. Waffen und Munition wurden hier jedoch nicht deponiert. Zur damaligen Zeit und bis ins 17. Jahrhundert hinein, stand der Begriff Arsenal ausschließlich für Marinewerkstätten mit Werften.

Palast Petris – auch Palast Arsan

Der Stadtpalast mit seinen schönen, gotischen Fenstern, wurde 1505 im Auftrag von Bischoff Antun Marcello Petris als erster Patrizierpalast in Cres gebaut. Er gilt als Beispiel typisch venezianischer Gotik. Vorher standen an seiner Stelle ein römisches Haus und später eine Werkstatt des oben erwähnten Arsenals.

Der Palast wird als Museum bezeichnet. Wer nun aber erwartet, dass man hier Vitrinen mit Fundstücken aus vergangenen Zeiten findet, wird enttäuscht sein. Sehenswert ist das Palastinnere an sich, denn es vermittelt einen Eindruck, wie Stadtpaläste im 15. und 16. Jahrhundert aussahen. Sie waren schmal und hoch, das Erdgeschoß war gewöhnlich eine Durchgangshalle, die in den angrenzenden Hof führte. Gewohnt wurde in den oberen Stockwerken.

Im Erdgeschoss des Museums findet man eine Sammlung von Amphoren aus dem 2. Jahrhundert vor Christi. Sie stammen aus einem gesunkenen Handelsschiff, das am Kap Pernat nordwestlich von Valun geborgen wurde. Im Kamin des Wohnraumes im Obergeschoss stehen zwei Holzskulpturen aus dem 15. Jahrhundert. Sie stellen den Hl. Blasius und den Hl. Hieronymus dar und standen vordem auf dem Altar einer Kirche in Sveti Blaž . Im ehemaligen Schlafraum kann man eine Toilette aus der Renaissance besichtigen.

Im Palast werden kleine Konzerte gegeben und Gemälde und Kunstwerke moderner Künstler ausgestellt. Vor dem Palast finden im Sommer Theateraufführungen statt.

Adresse: Ribarska ulica 7 / Telefon: +385 51 571 127
E-Mail: muzej.cres@pou-maliLošinj.hr

So gehen Sie weiter: *Rechts um das große Gebäude herum, das dem Palast gegenüberliegt. Am Hafen links bis zur Touristeninfo. Vor der Touristeninfo links abbiegen. Sie kommen auf einen kleinen Platz. Hier gabelt sich die Straße. Gehen Sie rechts an der Tankstelle vorbei, so kommen Sie zum Franziskanerkloster.*

Das Kloster des heiligen Franziskus

Auf dem Platz vor der Kirche steht eine Bronzestatue des Heiligen Franziskus und weiter beim Eingang eine fast mannshohes Ei, das mit naiven Malereien dekoriert ist. Die Anfänge dieser Kunstrichtung gehen auf den kroatische Maler Krsto Hegedušić zurück, der sie als Volkskunst entdeckte, förderte und salonfähig machte. 1930 begründete er in Hlebine, einem Dorf auf dem Festland, eine Bauernmalerschule, die bis heute besteht und als Zentrum der Naiven Malerei gilt.

Die erste Kirche wurde an dieser Stelle im 14. Jahrhundert erbaut, die heutige Kirche stammt aus dem 15. Jahrhundert. Einen Glockenturm bekam sie jedoch erst 1695. Er wurde im Jahr 1854 tiefgreifend restauriert und teilweise umgestaltet. Die Bögen seiner Zwillingsfenster (Biforien) sind mit Köpfen verziert. Gen Süden wenden sie sich dem Südwind 'Jugo' zu, der Regen und Sturm auf die Insel bringt. Deshalb zeigen sie grimmige Fratzen. Auf der Nordseite sind die Gesichter fröhlich. Sie sollen die 'Bura' begrüßen, die die Sonne im Schlepptau hat.

Die Kirche ist einschiffig. Eine reiche Creser Bürgerin stiftete 1387 den Altar des Hl. Bartols, das holzgeschnitzte Chorgestühl stammt dem 15. Jahrhundert. Die Creser Adelsfamilie De Petris, die auch den obengenannten Stadtpalast erbauen ließ, fügte der Kirche im Jahr 1520 eine Kapelle im Renaissancestil hinzu. Kirche und Kloster dienten angesehenen Bürgern, die sich um den Orden verdient gemacht hatten, als Begräbnisstätte. Auch Bischof Antun Marcello Petris liegt hier begraben.

Das Kloster lässt sich in das kleine und das große Kloster unterteilen. Das 'große Kloster' (Nordflügel) stammt aus dem frühen 16. Jahrhundert. Im rechteckigen Innenhof mit Säulengang (Klaustar) dieses Flügels findet man Grabplatten von Creser Familien, und hier steht ein Brunnen aus dem 15. Jahrhundert. Er ist mit Stadtwappen verziert, darunter auch das älteste bekannte creser Wappen aus dem 14. Jahrhundert. Mitte des 16. Jahrhunderts wurde hier eine große Zisterne angelegt, um in Trockenzeiten die Creser mit Wasser versorgen zu können.

An den Wänden sind vier Büsten kirchlicher Würden-
träger des Franziskanerordens angebracht. In diesem Klaustar werden hin und wieder Konzerte abgehalten. Auch befindet sich hier der Zugang zu einem
Museum. Zu den Schätzen des Klosters gehören sakrale Gegenstände und Kleidungsstücke, ein Mess-
buch in glagolitischer Schrift, Kodizes (zu einer Art
Bücher zusammengefasste Stapel beschrifteter
Holz- oder Wachstafeln), Wiegedrucke aus dem 15.
Jahrhundert, weitere kostbare Bücher und Bilder,
sowie mehrere gotische Skulpturen, die sowohl in
der Kirche als auch im Klostergarten aufgestellt sind.

Über den zweiten, kleineren Innenhof, in dem ebenfalls ein Brunnen steht, gelangt man in den Klostergarten. Dort findet man Skulpturen, Blumen, Wasserschalen für Vögel, einen kleinen Teich und einen Garten, in dem Kräuter und Gemüse angebaut werden.

Auch wenn man sich im Allgemeinen nicht für Kirchen, Klöster und sakrale Kunst interessiert - dieses kleine, uralte Kloster hat zweifellos seinen Charme. In der Nebensaison muss man klingeln, um ins Museum eingelassen zu werden – trauen Sie sich ruhig!

Adresse: Samostan sv. Frane, Trg sv. Frane 6, 51557 Cres – Kroatien

Tel.: 051/571 217, 571 535

So gehen Sie weiter: *Mit dem Kloster im Rücken geradeaus, über die Kreuzung, an der Gabelung links an der kleinen 'Kirche des Hl. Geistes' vorbei und über den Zebrastreifen in die Allee. Nach wenigen Schritten sehen Sie links das*

Tor 'Bragadina'

Dieses kleine Stadttor, das Ende des 16. Jahrhunderts fertiggestellt wurde, ist nach Fürst Nikola Bragadina benannt, der es erbauen ließ. Das Tor, das heute etwas verloren dasteht, war eingelassen in die wuchtige Stadtmauer, die es noch um einige Meter überragte. Über dem Tor ist das Wappen des Fürsten zu sehen, darüber der Markuslöwe, der die Republik Venedig symbolisiert, sowie die Wappen der venezianischen Adelsfamilien Grimani und Ponte.

So gehen Sie weiter: *Folgen Sie der Allee geradeaus. Nach 200 Metern kommen Sie zur*

Porta Marcella

Dieses größere Stadttor wurde ein paar Jahre später als das Tor Bragadina unter der Herrschaft des Fürsten Marcello erbaut. Beide Tore verband eine Wallmauer mit einem Wehrgang ohne Dach, aber mit Zinnen, auf dem Wächter patrouillierten. Wer durch das Tor Marcella in die Stadt ging, kam geradewegs zum Hafen.

Auch auf diesem Tor finden Sie neben dem Markus-Löwen verschiedene venezianische Wappen. Man kann außerdem noch Reste der Stadtmauer erkennen.

So gehen Sie weiter: *Rechts am Tor vorbei (nicht in die Altstadt), und der Fahrbahn folgen. Nach ein paar Metern sehen Sie rechts die Einfahrt zu einem Fabrikgelände. Hier ist die*

Olivenmühle von Stadt Cres

Olivenöl – auch 'flüssiges Gold' genannt - ist das einzige Öl, das aus Fruchtfleisch und nicht aus den Kernen einer Frucht gepresst wird. Die Oliven werden per Hand gepflückt und noch am selben Tag zur Mühle gebracht. Dort füllt man sie in eine Maschine, von der aus sie auf ein Förderband fallen, auf dem sie sortiert und gereinigt werden, bevor sie das eigentliche Mahlsystem erreichen. Der Presskuchen wird in einem Zweikammersystem gleichmäßig gemischt und nach dem Pressen das erste Mal zentrifugiert, um das Öl vom Wasser zu trennen. Schließlich wird es noch ein zweites Mal zentrifugiert, diesen Vorgang nennt man separieren. Im ganzen Pressverlauf dürfen die Oliven nicht über 25 Grad erwärmt werden.

Die Olivenmühle von Cres kann besucht werden. Ein Videovortrag erklärt den Herstellungsprozess. Wer möchte, kann das Olivenöl hier auch probieren und natürlich kaufen.

Adresse: Šetalište 20 travnja 62, 51557 Cres (beim 'Großen Tor' - Porta Marcella).
Tel.: +385(0)51 571 179 / Tel +385(0)51 571 257

So gehen Sie weiter: *Folgen Sie der Straße. Gleich nach der Kurve gibt es eine kleine Kreuzung - würden Sie hier links abbiegen, kämen Sie zurück zum Hafen.*

An dieser Stelle befand sich der einzige eckige Torturm in der Stadtmauer. Er hieß 'Porta dello Smergo'. Verließ man die Stadt vom Hafen kommend durch dieses Tor, ging man geradeaus über das bergige Binnenland bis Merag, von wo aus man mit Schiffen weiterreisen konnte. Heute führte dieser Weg zurück zum Supermarkt, den wir eingangs als Parkplatz vorgeschlagen haben.

Bleiben Sie jedoch auf der Straße, auf der Sie gekommen sind, also gehen Sie weder zum Supermarkt noch zum Hafen, dann erreichen Sie nach etwa 200 Metern den

Wehrturm von Cres

Er ist einer von fünf Türmen, die zur Stadtmauer aus dem 16. Jahrhundert gehörten. Je ein solcher runder Turm stand rechts und links vom Hafen, einer auf halbem Weg zwischen dem Franziskanerkloster und dem kleinen Stadttor (Bragadina), und der vierte war dieser hier im Nordwesten. Neben der oben erwähnten eckigen Torturm 'Porta dello Smergo', dem Seetor am Hafen, dem Tor Bragadina und dem Tor Marcella gab es noch einige große und kleine Tore wie z.B. das Tor des Hl. Nikolaus (Schutzpatron der Seefahrer), die jedoch nicht mehr oder nur teilweise erhalten sind.

Rechts und links des Wehrturmes sehen Sie noch Reste der Stadtmauer. Sie war jedoch ursprünglich so dick, dass sie den Turm fast umschloss und bis vor zur oberen und unteren Tür reichte. Auf der Wallmauer befand sich ein Wehrgang, der wie ein Balkon überstand und Zinnen hatte. Aus der oberen Tür, die heute vergittert ist, konnte man diesen Wehrgang betreten, um auf ihm zu patrouillieren.

Im Turm ist ein kleines Museum untergebracht, das sich der Befestigung widmet. Auf alten Stichen kann man sehen, wie das alles einmal ausgesehen hat. Außerdem hat man von oben einen weiten Blick über die Stadt. Das Museum ist jedoch nur zur Hauptsaison geöffnet.

So gehen Sie weiter: *Mit dem Turm im Blick nach links und sofort wieder links. Wenn Sie nun immer geradeaus gehen, kommen Sie an den Überresten des Nikolaustores vorbei und stoßen schließlich auf die Promenade. Dort endet unser Stadtrundgang.*

Der Weg zum Roten Leuchtturm

Gehen Sie vom Hafen aus gesehen nach rechts immer am Meer entlang, führt Ihr Weg Sie vorbei am ersten (kleinen) Roten Leuchtturm und der Kirche des Hl. Nikolaus bis zur Halbinsel Kovacine. Sie ist benannt nach einem Militärgebiet, das es dort einst gab. Auf dem 180 Meter langen Riff, das an dieser Stelle ins Meer ragt, steht der zweite (große) Rote Leuchtturm. Im ehemaligen Haus des Leuchtturmwärters kann man schön sitzen und etwas trinken. Blickt man von dieser Stelle aus auf den Landzipfel gegenüber (im Süden), sieht man dort den grünen Leuchtturm.

Das große Gebäude beim Leuchtturm, in dem sich ein Restaurant befindet, gehörte früher zum Militärkomplex. Im Gebäude gibt es außerdem eine deutschsprachige Tauchschule, die sowohl Kurse für Anfänger als auch für geübte Taucher Exkursionen zum Wrack 'Lina' anbietet.

Im Wald hinter dem einstigen Militärgebäude liegt der Campingplatz von Cres. Er verfügt über schattige Stellplätze für Campingfahrzeuge, Zeltplätze und Mobilwohnheime, die allerdings veraltet, platzmäßig sehr beengt und schlecht ausgestattet sind. Die Sanitäranlagen sind sauber und die Stellplätze in Ordnung.

Folgt man der Promenade vom Leuchtturm aus noch weiter, erreicht man den oftmals überfüllten FKK-Strand (Stein- und Kiesstrand).

Vom Hafen bis zum 'Roten Leuchtturm' sind es eineinhalb Kilometer. Der Weg ist gesäumt von Buden und Bars, einem Kinderspielplatz, einem Trimmplatz und zur Hauptsaison einem schönen, alten Kinderkarussell.

Das Benediktinerinnenkloster auf dem Weg zum Grünen Leuchtturm

Will man zum 'Grünen Leuchtturm', geht man am Franziskanerkloster vorbei Richtung Marina. 500 Metern nach dem Franziskanerkloster liegt links das Benediktinerinnenkloster.

Ein Kloster gibt es hier seit dem frühen 13. Jahrhundert. Im Laufe dieser Zeit brannte es viermal ab und wurde wiederaufgebaut. Noch heute wird es von Nonnen bewohnt. Sie leben in Klausur, das bedeutet, sie bleiben vollkommen abgeschieden von der Öffentlichkeit und verlassen das Kloster nur in Ausnahmefällen.

Über der Eingangstür sieht man, wie oft in Cres, eine Jakobsmuschel aus Stein und darüber, zwischen zwei Wappen, eine Statue des Hl. Isidor, der einer von zwei Stadtheiligen ist. Dass die Fenster des Klosters vergittert sind, ist der Tatsache geschuldet, dass das Frauenkloster außerhalb der Stadtmauern lag und vom Meer her jederzeit mit Angriffen gerechnet werden musste.

Die Kirche wurde im 15. Jahrhundert erbaut und später immer wieder erweitert. Der seitlich angebaute Turm erinnert durch seine Form, die Bafora und die Barockbögen an den Turm des Franziskanerklosters. In der Kirche befinden sich im Seitenschiff sehr schöne Barockaltäre, das Gemälde über dem Hauptalter zeigt die Himmelfahrt Marias mit einigen Heiligen, darunter der Hl. Peter, dem die Kirche geweiht ist. Besonders erwähnenswert sind ein Tabernakel und die Barockorgel. Sie stammt aus dem Jahr 1777.

Das Kloster verfügt über einige Schätze, die allerdings für die Öffentlichkeit nicht zugänglich sind, da die Benediktinerinnen, wie bereits erwähnt, in Klausur leben. Darunter befinden sich wertvolle Gemälde und Ikonen, reichbestickte Messgewänder, Skulpturen und eine Klosterbibliothek.

Der Weg zum Grünen Leuchtturm

Folgen Sie dem Weg weiter, kommen Sie zur Marina. Wenn Sie sich für Schiffe interessieren, sind Sie hier genau richtig. Das Gelände kann man betreten und an 458 Liegeplätzen im Wasser und 120 Stellplätze an Land viele schöne Yachten bewundern. Haben Sie sich sattgesehen, verlassen Sie das Gelände wieder, um hinter der Marina weiterzugehen.

Rechts des Weges stehen Bäume, links sind Gärten und Felder. Das Gelände wird schlammig, denn es münden in dieser Bucht einige Bäche ins Meer, die fruchtbaren Boden mit sich führen. Häuser gibt es hier nicht mehr, dafür abgestorbene Bäume, Schilf, Moder und Steine, wie von riesigen Händen im Wasser verstreut - dieses sumpfige Delta hat einen ganz eigenen Zauber!

Dort, wo sich der Weg gabelt, gehen Sie rechts und bleiben am Meer. Links sehen Sie nun alte Olivenhaine und nach 400 Metern die Kirche der Heiligen Cosmas und Damian. Hier steht eine Bank, von der aus man einen schönen Blick auf Stadt Cres und die Hügel dahinter hat.

Um von dieser Kirche zum 'Grünen Leuchtturm' zu kommen, müssen Sie nun noch einmal zwei Kilometer zurücklegen. Der Weg führt immer am Meer entlang durch einen schönen, steinigen Wald.

Tipp: *Vom Hafen bis zum 'Grünen Leuchtturm' sind es knapp fünf Kilometer, und es gibt unterwegs, abgesehen von der Marina, keine Möglichkeit, einzukehren. Den Weg zum grünen Leuchtturm kann man auch mit dem Rad fahren, die letzten paarhundert Meter muss man dann allerdings zu Fuß gehen. Im Sommer sind auch auf dieser Seite der Bucht viele Badegäste unterwegs, deshalb bitte Rücksicht nehmen!*

Wanderungen ab Stadt Cres

Der Wasserleitungsweg von Cres nach Valun

Startet man am Hafen von Cres, folgt man zuerst einmal dem Weg zum 'Grünen Leuchtturm' (siehe oben). Dort wo sich der Weg gabelt und man am Meer entlang zum Leuchtturm spazieren würde, zweigt nach links der 'Wasserleitungsweg' ab. Er führt leicht bergauf durch Olivenhaine. Hat man den Höhenunterschied von 120 Metern überwunden, geht es gemütlich fast eben weiter, bis der Weg zwei Kilometer vor Valun auf die Teerstraße mündet. An dieser Stelle steht ein Wasserhahn – das Wasser kommt direkt aus dem Vrana See, man kann es trinken. Allerdings ist der Hahn im Winter abgestellt.

Von Cres nach Sv. Salvadur und weiter bis Sv. Blaž

Wer gerne wandert, sollte den Weg nach Sv. Blaž nicht versäumen. Er ist mittelschwer und großteils schattig, für den Hin- und Rückweg bis Sv. Blaž, gesamt zwölf Kilometer, braucht man etwa dreieinhalb Stunden.

Er beginnt im Norden der Stadt an der Teerstraße, die vom Kreisverkehr (Supermarkt) zum Campingplatz führt. Ab Kreisverkehr 450 Meter, dann rechts in einen Fußweg, der durch ein Hinweisschild markiert ist. Am besten parkt man beim Supermarkt.

Von hier geht es weiter entlang alter Trockenmauern, durch jahrhundertealte Olivenplantagen bis zur ersten Station, der Kirche des Heiligen Salvator. Dabei kommen Sie am 'Fußabdruck der Mutter Gottes' vorbei. Unter einer kleinen Kapelle am Wegesrand sehen Sie ein Loch im Stein. Er hat die Form eines Fußabdruckes, und vermutlich liegen ein paar Kiesel darin. Es heißt, dass die Heilige Maria mit nur zwei Schritten über die Insel ging und dabei einen Fußabdruck in Cres und einen hier, auf dem Weg zum Heiligen Salvator hinterließ. Wenn Sie an die Kraft der Muttergottes glauben, legen Sie einen Stein in den Abdruck und wünschen Sie sich etwas. Kommen Sie auf dem Rückweg oder am nächsten Tag noch einmal her, nehmen Sie ihn mit und behalten ihn bei sich, bis Ihr Wunsch in Erfüllung geht.

Ab hier bis zur Kirche des Hl. Salvator ist es nicht mehr weit. Von der Kirche aus genießt man einen wunderbaren Blick über die Valuner Bucht bis hin zur

Plomin Bucht. Wer nur die kleine Runde gehen will, kann nun wieder nach Cres zurückgehen. Hier bietet sich als Rundweg an, bei der Kirche zum Meer hinunter und auf der Promenade nach Cres zurückzuwandern.

Will man aber weiter bis zum verlassenen Dorf und der Bucht Sveti Blaž, folgt man an der Kirche des Heiligen Salvator einfach dem Weg. Kurz nach der malerischen Kirchenruine von Sveti Blaž erreicht man die Bucht, die zu den schönsten der Insel zählt. Etwas weiter oben befinden sich unter schattenspendenden Bäumen Tische mit Bänken und mehrere Grillplätze.

Man kann diese Wanderung aber auch am Parkplatz vor dem Bungalow-Park 'Stara Gavza' von Cres beginnen, dann ist sie im Gesamten fünf Kilometer kürzer. Wer auf der Hauptroute Nr. 100 nach Cres kommt, biegt beim Supermarkt Plodine oberhalb von Cres ab und folgt den Wegweisern Richtung Stara Gavza bis zum Parkplatz. Zu Fuß muss man nun, um ans Meer zu kommen, ein Stück durchs Bungalowdorf gehen. Von dort etwa einen Kilometer Richtung Norden, dann bergauf bis zur Kirche des Heiligen Salvator.

Auf dem Rückweg kann man den Weg durch die Olivenhaine und vorbei am 'Fußabdruck der Mutter Gottes' bis Cres bzw. bis zum Parkplatz am Bungalowdorf laufen. Oder man geht bei der Kirche des Hl. Salvadur zum Meer hinunter und dort weiter bis Cres.

Achtung: Proviant und ausreichend Wasser nicht vergessen, es gibt keine Einkehrmöglichkeit!

Von Cres über Krčina und Loznati zurück nach Cres

Dieser Rundweg, der am Yachthafen von Stadt Cres beginnt, hat eine Länge von zwölf Kilometern, ist mittelschwer und dauert gut drei Stunden. Er führt über einen Schotterweg, den sogenannten 'Französischen Weg', nach Krčina und weiter bis zum Dorf Loznati. Von dort kann man auf einem anderen, schmaleren Weg zurück nach Cres gehen. Diese kleine und größtenteils schattige Wanderung bietet einen wunderschönen Blick auf das Velebit-Gebirge.

Krčina entstand als Unterkunft für Hirten aus Orlec. Um die Hütten zu bauen, musste ein Teil des Waldes abgeholzt werden. Abholzen heißt auf Kroatisch 'krčiti', und so erhielt der Ort seinen Namen.

Loznati bedeutet auf Kroatisch 'Rebe' – dieser Name rührt von den vielen Weinstöcken her, die das Dorf einst umgaben. Die Ruinen einer kleinen Kirche, die dem Heiligen Laurentius geweiht war, stammt aus dem 6. Jahrhundert, die weiße Kirche des Heiligen Johannes aus dem 15. Jahrhundert. Ein Blick hinein lohnt sich, denn die Kirche hat ihren ursprünglichen Charakter erhalten. Der Baum vor der Kirche ist ein Maulbeerbaum.

Östlich des Ortes befand sich bereits in der Antike eine Siedlung. Heute leben in Loznati nur noch eine Handvoll Einwohner. Doch es gibt ein Lokal in diesem Ort, die Konoba Bukaleta, in dem man einen vorzüglichen Lammbraten bekommt.

Traut man sich einen längeren Weg zu, kann man, bevor man nach Cres zurückkehrt, von Loznati aus noch zur Bucht Mali Bok gehen. Dort nisten Geier in den Steilwänden (siehe Artikel 'Orlec und die Geier von Mali Bok').

Unterwegs im Süden zwischen Stadt Cres und Osor

Merag

Wer für seine Reiseroute den Weg über die Insel Krk wählt, kommt hier an. Denn zu diesem kleinen Küstendorf, am Fuße eines bewaldeten Berghanges gelegen, gehört einer der beiden Autofährhäfen von Cres. Bereits in der Antike landeten hier Schiffe, die von der Nachbarinsel kamen. Was sie mit sich führten, wurde auf Esel und Karren gepackt und auf dem sogenannten 'Römerweg' nach Cres geschaffen.

Zu Beginn des letzten Jahrhunderts verfiel Merag in eine Art Dornröschenschlaf. Doch als in den 80er-Jahren der neue Fährhafen gebaut wurde, gewann der Ort wieder an Bedeutung.

Sollten auch Sie die Autofähre von Krk nach Cres nehmen, achten Sie vom Meer aus auf die schattige Einbuchtung auf dem Berghang rechts des Hafens. Man nennt sie 'Grube von Merag'. Sie entstand, als die Decke einer riesigen Höhle einbrach.

In den Sommermonaten werden in Merag Häuser und Appartements an Touristen vermietet. Die Umgebung ist ideal zum Bergwandern oder Mountainbiken. Ein dichter Lorbeerwald südlich des Dorfes und eine beeindruckende Halbhöhle (Merška) direkt am Ort sind für Naturliebhaber interessant.

Das Dorf, in dem nur noch wenige Einheimische leben, ist etwa 500 Meter vom Fährhafen und mit dem Auto vierzehn Kilometer von Stadt Cres entfernt. Man kann aber auch zu Fuß oder mit dem Mountainbike auf dem ehemaligen Transportweg der Römer zur Inselhauptstadt kommen. Er führt zu den Ruinen der St. Bartolomej-Kirche und weiter über die Hügel auf die Westseite der Insel. Für die viereinhalb Kilometer benötigt man etwa eineinhalb Stunden.

Orlec und die Geier von Mali Bok

Zwölf Kilometer von Stadt Cres entfernt (Richtung Süden) liegt etwa 240 Meter über dem Meeresspiegel der Ort Orlec. Er wurde im 16. Jahrhundert von Bewohnern Dalmatiens gegründet, die vor den Türken auf die Insel geflohen waren. Noch heute leben die Einwohner dieses Dorfes ausschließlich von der Schafzucht und bewahren alte Traditionen wie das

Tragen ihrer Trachten zu bestimmten Festen, ihre Tänze und das Spielen auf der 'Meh', dem Blasinstrument aus einem Schafsbalg.

Relief an der Pfarrkirche von Orlec – Hl. Antonius mit seinen Schweinen

Die Pfarrkirche ist dem Heiligen Antonius geweiht, dem Schutzheiligen der Schweinehirten. Die Schweine, mit denen Antonius gewöhnlich dargestellt wird – so auch auf einem Relief an der Außenwand der Kirche – stehen angeblich für die vielen Versuchungen und Bedrohungen, denen er ausgesetzt war. Tatsächlich ist die Begründung wohl eher darin zu suchen, dass der Antoniterorden, der nach ihm gegründet wurde, bevorzugt Schweine hielt, die er als Gottes Geschöpfe achtete und deshalb freilaufen ließ. Daher rührt der Ausspruch 'frech wie ein Antoniusschwein'.

Die Malereien an den Innenwänden der Kirche datieren aus dem Jahr 1958 und stammen von einem slowenischen Maler. Sie zeigt die Bevölkerung Orlec's in ihrer Volkstracht.

Der Name Orlec ist vom kroatischem Wort 'Orao' abgeleitet, was Adler bedeutet. Vermutlich bezieht er sich aber auf die Gänsegeier, die an den Steilwänden bei Orlec seit Urzeiten nisten. Eine Wanderung zur 'Bucht Mali Bok' zählt zu den Highlights, die man in dieser Gegend erleben kann!

So kommen Sie hin: *Biegt man vor der Kirche von Orlec links ab, kommt man zum Friedhof. Dort kann man parken und am Friedhof vorbei weitergehen. Die Wanderung ist knapp zweieinhalb Kilometer lang und ein Erlebnis der besonderen Art. Während man die Serpentinen zur Bucht hinuntergeht, kreisen Gänsegeier über einem. Am Wegesrand findet man eine Vielzahl bunter Kräuter, und drunten am Kiesstrand* *teils wunderschöne glattgeschliffene Kiesel, die in einem schönen Glas aufbewahrt ein hübsches Souvenir abgeben.*

Die Bucht Koromačna und die Höhle 'Ovčarica' bei Belej

Der kleine Ort Belej, der aus mehreren Schäferhütten zusammengewachsen ist, liegt an der Hauptverkehrsstraße Nr.100, etwa 21 Kilometer südlich von Stadt Cres. Am Ende des Dorfes, an einer Kreuzung (dort wo Sie eine Schranke sehen), zeigt ein Wegweiser den Fußweg zur Bucht Koromačna an. Man geht etwa 20 Minuten ohne Beschattung, bevor man zu einem der eindrucksvollsten Strände auf Cres kommt. Hohe, kahle Felsbuckel, davor eine wunderschöne Kiesbucht, die den ganzen Tag über Sonne hat. Links befinden sich drei kleine Halbhöhlen mit Kiesstränden, zu denen man hinschwimmen kann, und am Himmel kreisen nicht selten Gänsegeier.

Ein Gedenkstein erinnert an die gefallenen Soldaten des Zweiten Weltkrieges im Allgemeinen und die 9. Dalmatiner Sturmdivision im Besonderen, die in dieser Bucht am 19. April 1945 ausgeschifft wurde.

In der Nähe von Belej gibt es außerdem die Höhle ‘Ovčarica‘ (Schafhirtinnenhöhle), die man nur nach Voranmeldung mit Führer (einem Schäfer aus dem Dorf) besichtigen kann. In ihr findet man neben Tropfsteinen auch alte Scherben, Überreste von Feuerstellen, Wanddekorationen und Knochen aus der Zeit 3.000 bis 2.000 v. Chr. Die Höhle, die zwölf Meter tief ist, war für Schäfer ein Zufluchtsort, wenn die Bora wütete.

Anmelden unter Tel: +385-98-985-88-56 oder 385-51-524-102

Blicke erhaschen auf den ‘Verbotenen See‘

Wenn Sie von Valun nach Lubenice fahren, parken Sie kurz nach der Ortschaft Mali Podol in einer Rechtskurve am Seitenstreifen. Von dort geht ein Weg ab. Auf diesem Weg weiterwandern bis Grmov. Unterwegs und nicht weit vom Ort entfernt gibt es immer mal wieder eine Stelle, von der aus man zum See hinuntersehen kann. Auf Ihrer Wanderung begegnen Ihnen in den Trockenmauern Eidechsen und anderes Getier, und Sie sehen Schafe, verfallene Höfe und Kapellen.

Achtung: Die Strecke beträgt hin und zurück vierzehn Kilometer, und man kann nicht einkehren!

Wenn Sie in Miholašćica ein Feriendomizil bezogen haben, wandern Sie einfach die schmale Straße den Hügel hinauf und dann links nach Grmov. Ab Miholašćica bis Grmov sind es siebeneinhalb Kilometer. Von unterwegs haben Sie außerdem einen traumhaften Blick über die Kvarner Bucht. Von Martinšćica aus zuerst nach Miholašćica gehen.

Eine andere, weniger anstrengende Möglichkeit, einen Blick auf den 'Verbotenen See' zu werfen: Sie fahren auf der N 100 von Cres nach Lošinj (oder umgekehrt) und biegen nach Grmov ab. Nach 800 Metern rechts, dann noch drei Kilometer bis Grmov. Beim Dorf gibt es einen Ausblickspunkt.

Valun

Der Ort liegt am Fuße des Pernat Gebirges in einer langgestreckten Bucht, unweit von Stadt Cres. Die Vorfahren der Valuner lebten ursprünglich ein Stück weiter landeinwärts in einem Ort, der Bućev hieß und heute verschwunden ist. Denn als man sich nicht mehr vor Piraten fürchten musste, zogen die Menschen an die Küste, wo sie vom Fischfang leben konnten. Heute bestreiten die Einwohner von Valun ihren Lebensunterhalt vor allem durch den Tourismus.

In einer TV-Serie der 1980er-Jahre mit dem Titel 'Der Sonne entgegen' war Valun als mediterrane Kulisse zu sehen. Das trug zur Bekanntheit des kleinen Fischerhafens bei. Berühmtheit erlangte das Dorf jedoch vor allem durch die sogenannte 'Valun Tafel' (Valunska Ploča), die man in der kleinen Friedhofskirche des nicht mehr existierenden Ortes Bućev entdeckte, wo sie als Mauersturz diente. Diese Grabplatte in glagolitischer Schrift aus dem 11. Jahrhundert zählt zu den frühesten Schriftzeugnissen der altslawischen Sprache. Das 'Dalmatinische', wie man diese Sprache auch nannte, ist inzwischen ausgestorben. Sie wurde entlang der adriatischen Ostküste, auf den Inseln der Kvarner Buch, im Süden und Südosten Kroatiens und im südwestlichsten Montenegro gesprochen. Da zu Zeiten der Entstehung der 'Valunska Ploča' auch Römer auf der Insel lebten, wurde die Inschrift sowohl in glagolitischer als auch in lateinischer Schrift in den Stein gemeißelt. Dadurch war und ist diese Grabplatte nicht nur geschichtlich von Bedeutung, sondern auch für Sprachforscher von allergrößtem Wert. Auf der Tafel sind drei Namen zu lesen. Der der Großmutter Teha, der des Sohnes Bratohna und der des Enkels Juna. Heute befindet sich die Tafel in der Pfarrkirche von Valun, wo man sie neben dem Taufbecken in die Wand eingemauert hat.

Für Autos ist Valun gesperrt, man stellt sein Fahrzeug oberhalb der Ortschaft auf einem Parkplatz ab und geht noch 200 Meter, bis man unten am Hafen ist.

Zu Valun gehören zwei kleine Kiesstrände mit glasklarem Wasser und Bäumen, die Schatten spenden, und ein einfacher Campingplatz, ausschließlich für Zeltcamper. Im Ort, der nur 200 Meter entfernt ist, kann man einkaufen, und es gibt Bars und Restaurants.

Wer gerne wandert oder mit seinem Mountainbike unterwegs ist, kommt in Valun ebenfalls auf seine Kosten. Die hügelige Landschaft duftet nach den Kräutern der Insel, und es öffnet sich immer wieder ein weiter Blick aufs Meer und hinüber zur Stadt Cres, die man auch zu Fuß, auf zwei verschiedenen, etwa vierzehn Kilometer langen Wanderwegen erreichen kann. Einer davon ist der sogenannte 'Wasserleitungsweg'. Fährt oder geht man auf der Straße von Valun Richtung Cres, steht nach zwei Kilometern ein Wasserhahn an einer Abzweigung. Dort beginnt der Weg.

Ein anderer schöner Wanderweg ist der 'Alte Schulweg nach Pernat' und weiter bis zum verfallenen Dorf Grabrovice. Ihn mussten die Kinder aus den kleinen Hirtenweilern jeden Tag und bei jedem Wetter gehen. Und wenn die Bora tobte, mussten sie achtgeben, nicht fortgeweht zu werden. Von Valun bis Pernat geht man 6,5 Kilometer. Man kommt an der Kirche des Hl. Georg vorbei, in der jedes Jahr am 25. Juli die Heilige Messe gefeiert wird.

Ab Pernat ist es dann nicht mehr weit bis zum verlassenen Dorf Grabrovice, von dem aus man einen wunderbaren Blick aufs Meer hat. Am dritten Sonntag im Oktober pilgern die Gläubigen zur Kirche dieses verlassenen Dorfes, um die Messe zu feiern, Musik zu machen, zu trinken und zu essen. Diese Kirchenfeste sind immer ein Erlebnis.

Lubenice

Egal, wo man auf der Insel seinen Urlaub verbringt, das Bergdorf Lubenice sollte man sich auf jeden Fall ansehen. Wie ein Adlerhorst thront es in 378 Metern Höhe auf einem Felsen über dem Meer. Vor mehr als viertausend Jahren haben die Illyrer hier ihre erste Burg gebaut. Seitdem ist der Felsen bewohnt, unter anderem auch von Piraten, denen der Ort als sicherer Stützpunkt diente.

Heute leben nur noch ein Dutzend Menschen in den alten Steinhäusern. Sie betreiben eine Konoba, in der man sehr gut essen kann, eine Filzerei, eine kleines Schaf-Museum, bewirtschaften ihre Olivenhaine und Weinberge und halten Schafe. Windig und oft auch kühl ist es dort oben auf dem Berg! Dafür hat man einen wunderbaren Blick aufs Meer und bekommt eine Ahnung, wie die Menschen früher auf der Insel lebten.

Es gibt fünf Kirchen in Lubenice. Die gleich am Ortseingang, die dem Hl. Antonius geweiht ist, hat einen mächtigen Glockenturm. Dort parkt man, dann streift man zu Fuß durch die engen, holprig gepflasterten Gassen, die man mit einem Auto gar nicht befahren könnte. Dabei möchte man kaum glauben, dass Lubenice noch im Mittelalter eine strategisch bedeutsame Festung war! Überreste der Stadtmauern kann man auf der Landseite von Lubenice erkennen - das einstige Südtor befindet sich gleich am Parkplatz, gegenüber dem Glockenturm. Geht man durch das Nordtor, das am anderen Ende des Ortes steht, gelangt man zum Friedhof und schließlich zum Hirtendorf Pernat.

Im ehemaligen Schulhaus von Lubenice befindet sich heute ein kleines Schäfereimuseum. Eine ‘Puppenkünstlerin' verkauft ihre Tiermasken aus Filz und andere hübsche Souvenirs. Eine zweite Filzkünstlerin fertigt in einem anderen sehr hübschen Haus Röcke, Kleider, Hüte und Taschen aus Filz. Traditionelle Wild- und Lammgerichte, Schafskäse, Schinken und Wein aus der Umgebung kann man in der 'Konoba Hibernicia' genießen. Und während der Sommermonate finden in der Kirche des Hl. Antonius oder auf dem Platz davor regelmäßig Musikabende statt.

Steht man am Ende des Ortes an der Aussichtsmauer, hat man einen weiten Blick übers Land, zum Friedhof und zur Bucht 'Sveti Ivan' (Hl. Johannes), deren Kiesstrand zu den schönsten des Landes zählt. Die BILD setzte ihn sogar auf Platz fünfzehn der 40 schönsten Strände der Welt.

Will man hinuntergehen, ist man etwa 45 Minuten unterwegs. Für den anstrengenden Aufstieg braucht man doppelt so lange. Da es unterwegs oder am Strand nichts zu kaufen gibt, sollte man genügend Trinkwasser mitnehmen!

Auch die Bucht Žanja mit der 'Blauen Grotte' ist von Lubenice aus zu Fuß zu erreichen (2 km). Der Weg beginnt am Parkplatz.

Achtung: *Beide Wege sind nicht schattig und sollten zu den heißen Tageszeiten gemieden werden! Am besten geht man morgens hin und am Spätnachmittag zurück.*

Die Blaue Grotte

Die 'Plava Grotta' befindet sich am Meer in der Bucht Žanja südlich von Lubenice. Der Strand dort ist ein beliebter Badestrand. Die Grotte selbst, die nur ein paar Meter vom Strand entfernt ist, kann man jedoch nur schwimmend oder mit dem Tretboot erreichen. In der Höhle kann man stehen, das Wasser ist dort etwa nabeltief.

Die Grotte misst ca. 20 Meter in der Länge und bis zu fünfzehn Meter in der Höhe. Sie hat zwei Zugänge – einen vom Meer aus, einer liegt zwei Meter unter dem Meeresspiegel und kann nur von Tauchern genutzt werden. Er ist etwa fünf Meter lang. Wer hier in die Grotte taucht, wird der 'Roten Hexe' begegnen – einem Wanderkrebs mit dem lateinischen Namen Granceola, grancigula, granzo oder auch bogdan. Sein Körper ist rot gefärbt, seine vier langen Beine, von denen zwei mit starken Zangen bestückt sind, haben zusätzlich weiße Punkte. Falls Sie nun auf die Idee kommen sollten, so ein Tier für den Kochtopf mitzunehmen: Die Hexe Granceola steht unter Artenschutz!

Vom Meer aus (schwimmend) führt ein Gang etwa 10 Meter in den Berg hinein, bevor sich hinter einer kleinen Biegung die eigentliche Grotte öffnet. Im Inneren gibt es einen kleinen Kiesstrand. Das Licht, das während der Sommermonate in den späteren Nachmittagsstunden durch eine Felsöffnung ins Innere der Grotte fällt, lässt sie in dutzenden verschiedenen blauen und türkisgrünen Farbtönen erstrahlen. Daher rührt auch ihr Name. Das schönste Licht hat man an einigen Tagen im August gegen 17 Uhr, dann erreicht die Sonne den idealen Stand für ihre 'Lichtershow' in der Höhle.

Bei Wellengang ist ein Besuch der Grotte nicht anzuraten!

So kommen Sie hin: *Zu Fuß von Lubenice. Der Weg beginnt am Parkplatz bei der Kirche, führt steil bergab und ist anspruchsvoll. Hinwärts benötigt man etwa 30 bis 40 Minuten, für den Rückweg muss man die doppelte Zeit rechnen. Trinkwasser nicht vergessen!*

Schneller und einfacher kommt man von Martinšćica aus mit dem Taxi-Boot hin. Man kann auch ein Boot mieten. Doch Achtung, in Kroatien muss man schon ab 4 PS einen Bootsführerschein besitzen (auch wenn Vermieter etwas Anderes erzählen), und es wird streng kontrolliert! Die Strafen sind hoch – aber nicht nur das. Was ist, wenn etwas passiert? Dann hat man keine Versicherung. Also besser ein Taxi-Boot nehmen!

Haben Sie selbst ein Boot oder Segelschiff? Hier sind die Koordinaten: 44° 52.30'N, 014° 19.10' E. - Man fährt ab Martinšćica (Westseite der Insel) Richtung Norden an der Küste entlang, bis man auf dem Fels die Ortschaft Lubenice aus 025° peilen kann. Die Grotte befindet sich südlich der Bucht. Man ankert in 10 bis 12 Metern Tiefe.

Martinšćica

Der Ort ist nach dem Heiligen Martin benannt und liegt, von Olivenhainen umgeben, an der Westküste der Insel, etwa auf halber Höhe zwischen Stadt Cres und Osor. Er ist der zweitgrößte Ort auf Cres, hat einen kleinen Hafen und einen wunderschönen, kilometerlangen und flachen Kiesstrand, der mit der „Blauen Flagge" ausgezeichnet ist. Sowohl direkt am Strand als auch im Ort gibt es einige Lokale und Geschäfte, und hinter dem Campingplatz Slatina befindet sich ein gesonderter FKK-Strand.

Der Campingplatz bietet neben Bars und Restaurants ausgezeichnete sanitäre Anlagen, vielfältige Sportmöglichkeiten, und es gibt sogar einen eigenen Hundetrainer, bei dem man mit seinem Vierbeiner in die Hundeschule gehen kann. Die Mobilwohnheime sind neu, geräumig und modern – nur die Sitzecke ist leider recht unbequem.

Zu sehen gibt es in Martinšćica einen verfallenden Sommerpalast der Creser Patrizierfamilie Sforza aus dem 17. Jahrhundert, eine einschiffige mittelalterliche Kirche, die dem Schutzpatron des Ortes, dem Heiligen Martin, geweiht ist, und gleich nebenan ein altes Kloster mit Klosterkirche.

Das Kloster des Hl. Hieronymus, das zu verfallen beginnt, ist ein Franziskanerkloster des Dritten Ordens und konnte durch Matej Bošnjak im 16. Jahrhundert Dank der finanziellen Unterstützung der Creser Patrizierfamilie Bokina errichtet werden. Wenn man den Küster auftreibt, lässt er einen in beide Kirchen und den alten Klostergarten.

In der Martinskirche auf dem Hauptaltar steht ein Bild mit dem Hl. Hieronymus, dem Hl. Franziskus und dem Hl. Antonius von Padua, das aus dem 17. Jahrhundert stammt. Darüber hinaus gibt es weitere teils wertvolle Gemälde, einen Glaslüster und einen alten Beichtstuhl.

Auch in der Klosterkirche findet man einen geschnitzten Beichtstuhl, dazu ein Weihwasserbecken mit einer Jakobsmuschel, alte Votivbilder von Creser Seeleuten und den Vlachen, auf denen sie in ihren Trachten zu sehen sind. Die Vlachen waren ein Nomadenvolk, das im 15. Jahrhundert vor den Türken aus Zagora und Herzegowina auf die Insel floh. Auch glagolitische Schriften sind über dem Altar und am Eingang zu sehen.

Eine interessante Ausflugsmöglichkeit bietet ein Katamaran, der dreimal wöchentlich vom Hafen von Martinšćica aus zwischen Rijeka am kroatischen Festland und Mali Lošinj verkehrt.

Tipp: *Auf dem Weg von der Hauptverkehrsstraße N 100 nach Martinšćica kommen Sie durch Štivan. Geben Sie in Štivan auf die Kirche acht – ihr Turm steht auf der anderen Straßenseite. Sie fahren also zwischen Kirche und Turm hindurch!*

Im Zentrum von Štivan führt ein steiler Weg zum Meer hinunter, dort gibt es eine wenig besuchte Badebucht mit Stein- und Kieselstrand. Besser man parkt in Štivan und geht die eineinhalb Kilometer zu Fuß, denn am Strand gibt es kaum Parkmöglichkeiten.

Fährt oder geht man an der gepflegten Strandpromenade von Martinšćica Richtung Süden, kommt man in den Nachbarort Miholašćica. Dort stand bereits in der Römerzeit eine Villa mit einem kleinen Privathafen. Die Gesamtlänge der Strandpromenade beträgt fünf Kilometer. Der Weg ist schattig.

Vidoviči

Fährt oder wandert man von Martinšćica aus weiter Richtung Norden den Hügel hinauf, kommt man nach Vidoviči. Vor dem Dorf gibt es einen Parkplatz, von dort hat man einen weiten Ausblick übers Meer bis hin zur Insel Zeča und bei klarem Wetter nach Istrien. Darauf bezieht sich auch der Name des Dorfes. Er leitet sich von dem kroatischen Wort 'vidjeti' ab, das 'sehen' bedeutet. Es gibt auch eine Konoba und ein kleines Heimatmuseum, das man nach Voranmeldung besichtigen kann. Tel: +385-(0)98-719-328

Wandern von Martinšćica nach Helm

Wer sein Domizil nicht in Martinšćica hat, kann dort parken und nach Vidoviči hinaufspazieren. Ab Vidoviči geht man dann auf der ehemaligen Straße, die den Ort mit Lubenice verbunden hat, weiter. Sie führt vorbei an Trockenmauern und durch Wälder und bietet immer wieder einen zauberhaften Ausblick aufs Meer. Für den einfachen Weg braucht man etwa eine Stunde. Er ist nicht anstrengend und auch für Kinder gut zu gehen.

Wenn Sie in Ustrine untergekommen sind, haben Sie von Ihrem Feriendomizil einen wunderschönen Ausblick und werden viele schöne Sonnenuntergänge genießen können, denn der kleine Touristenort liegt hoch droben über dem Meer. Trotzdem steht nichts dagegen, jeden Tag schwimmen zu gehen, denn an der Küste unter dem Ort befinden sich einige kleine Buchten, die man teilweise sogar mit dem Auto erreichen kann.

Zum Hauptstrand des Ortes, Veli Žal, geht man zu Fuß in nur fünf Minuten. Es ist ein Kiesstrand, der den ganzen Tag in der Sonne liegt. Olivenbäume und Steineichen spenden Schatten. Myrte, Lavendel, Salbei, und Heidekraut verbreiten ihren Duft. Wer es etwas einsamer möchte, geht ein bisschen weiter. Alle Badebuchten sind in höchstens 30 Minuten zu Fuß zu erreichen.

Osor mit Umgebung

Ehemaliges Stadttor von Osor mit Blick auf die Kathedrale

Durch die schmalste Stelle der Insel haben einst die Römer einen hundert Meter langen und etwa elf Meter breiten Kanal gezogen, um den Seeweg für Boote und kleinere Schiffe zu verkürzen. So wurden aus einer Insel zwei, die heute durch eine stählerne Drehbrücke wieder miteinander verbunden sind. Sie wird morgens um neun Uhr und nachmittags um siebzehn Uhr geöffnet, um Fischkuttern und Touristenbooten die Durchfahrt zu ermöglichen. Dann muss der Autoverkehr warten …

An diesem Kanal – genannt Kanal Kavunada, auch Kavada - liegt die alte Hauptstadt der Inselgruppe, Osor, die von der Antike bis Anfang des 15. Jahrhundert zu den wichtigsten Hafenstädten in der Kvarner-Bucht zählte. Spuren einer ersten Besiedlung an dieser Stelle reichen bis ins 9. Jahrhundert vor Christus zurück.

Zur Zeit der Römer hieß Osor Apsorus (griechisch Apsorros) und verfügte über ein Forum, einen Tempel, ein Theater und andere öffentliche Gebäude, die zu einer wichtigen römischen Stadt gehörten, und zu seiner Blütezeit gab es sogar drei Häfen. Der Haupthafen, der schon von den Liburnern angelegt worden war, lag nordöstlich in der Bucht Bijar, ein kleinerer am Kanal und ein dritter dort, wo der Parkplatz am Kreisverkehr ist. Dieser Hafen wurde später zu einer Salzgewinnungsanlage umfunktioniert. Heute ist das Gebiet versumpft.

In der Bucht Bijar findet man noch steinerne Poller des alten Hafens, sowie die Ruinen einer Kirche und eines Franziskanerklosters, das im 19. Jahrhundert verlassen wurde. Am Glockenturm und über den Türen kann man glagolitische Inschriften sehen. Bis zu einem Überfall der Genuesen im 14. Jahrhundert reichte das Stadtgebiet von Osor bis an diese Bucht heran. Wie Sie hinkommen, erklären wir weiter unten.

Mit dem Untergang des Römischen Reiches geriet die Stadt an Byzanz und wurde Opsara genannt – und auch unter byzantinischer Herrschaft verlor Osor nicht an Bedeutung. Ab dem 6. Jahrhundert bis 1828 war Osor Sitz des Bistums der Kirchenprovinz Salona. Später wurde die Stadt zum Titularbistum Absorus (eine Art Ehrenbistum ohne Bischof).

Während der venezianischer Herrschaft war der Kanal, den die Römer gegraben hatten, versandet. Schiffe und Waren mussten, wie zu Zeiten, als es noch keinen Kanal gab, an Land gehievt, auf Rollen hundert Meter über Land transportiert und wieder zu Wasser gelassen werden.

Bis zu 35 000 Menschen lebten zur Blütezeit Osors in der Stadt, damit zählte sie zu den Großstädten. Zum Vergleich: Im Mittelalter hatte Paris für die damalige Zeit unvorstellbare 100 000 Einwohnern und galt geradezu als alles verschlingender Moloch.

Der Status von Osor änderte sich, als Venedig im 15. Jahrhundert die kleine, in einer geschützten Bucht liegende Stadt Cres zur Hauptstadt ernannte und die Bischöfe, Konsuln und Prätoren ihre Quartiere dorthin verlegten. Ein Grund für diesen Schritt waren Pest- und Malariaepidemien, von denen die Bewohner Osors wegen des nahen Sumpfgebietes immer wieder heimgesucht wurden. Ein anderer waren die vielen Kriege, die um die Stadt geführt wurden und sie schwächten. Ein dritter Grund lag in der Modernisierung der Seefahrt. Man entwickelte die Technik des Kreuzens und baute neue, schnellere und wendigere Segelschiffe, mit denen man auch aufs offene Meer hinausfahren konnte. So büßte der Kanal, für dessen Nutzung man bezahlen musste, an Wichtigkeit ein, und mit ihm auch die Stadt.

Mit dem Wegzug der Obrigkeiten verlor Osor weiter an Bedeutung und fiel nach und nach in eine Art Dornröschenschlaf. Heute leben nur noch ein paar Dutzend Menschen in dem Ort, der auf seinen Kern geschrumpft ist und fast vergessen wirkt.

Osor erkunden

Osor verfügt über einige Sehenswürdigkeiten. Dazu gehören die Stadtmauer, die Ruinen eines Benediktiner- und eines Franziskanerklosters, die kleine Kirche des Hl. Gaudentius, sowie der 'Skulpturenpark' von Osor. Dort, wo sich zu Römerzeiten das Forum befand, liegt heute der Hauptplatz mit der Marienkathedrale, dem Bischofspalast aus dem 15. Jahrhundert (schräg gegenüber vom Rathaus) und der Zisterne, die der Stadt einst als Wasserreservoir diente, sowie dem ehemaligen Rathaus mit Uhrturm, in dem sich das Archäologisches Museum befindet.

Der Skulpturenpark

Er besteht aus verschiedenen modernen Bronzeplastiken und Relieftafeln moderner kroatischer Bild-

hauer, die in den Gassen und auf den Plätzen von O-
sor zu sehen sind. Sie ranken sich, wie die "Flöten-
spielerin" von Ivan Meštrović (direkt vor der Kathedrale) oder die Skulptur des Dirigenten und Komponisten Marija Uuević (vor dem Glockenturm), zumeist um das Thema Musik.

Der Dirigenten und Komponisten Marija Uuević vor dem
Glockenturm

Eine der Skulpturen zeigt jedoch ein Wiesel. Sie bezieht sich auf die kroatische Währung – denn Kuna
bedeutet übersetzt Marder oder Wiesel. Während
man ehedem in ganz Europa noch mit Marderfellen
bezahlen konnte, wurde in Osor zu Beginn des 11.

139

Jahrhunderts zum ersten Mal eine Münzwährung als Zahlungsmittel erwähnt – der 'Kuna', der bis zum 1.1.2023 Landeswährung war.

Die Pfarrkirche Mariä Himmelfahrt

Im 9. Jahrhundert griffen die Sarazenen Osor an und zerstörten unter anderem auch die alte Kathedrale, die sich am heutigen Friedhof befand. Es wurde eine neue Kathedrale gebaut, doch im 14. Jahrhundert erlitt sie aufgrund einer kriegerischen Auseinandersetzung mit der Republik Genua das gleiche Schicksal wie ihre Vorgängerkirche. Wieder brauchten die Bewohner von Osor einen neuen Dom. Im Stil der Frührenaissance wurde er diesmal jedoch in der Nähe des Kanals errichtet. Aber kaum hatte der dalmatinische Baumeister Juraj Dalmatinac die Pläne gezeichnet und war mit dem Bau begonnen worden, beschloss die Obrigkeit, den Hauptsitz der Insel nach Cres zu verlegen. Weil dort schnell eine Kirche gebraucht wurde, die den Ansprüchen einer Hauptstadt genügte und repräsentativ genug erschien, entschied man kurzerhand, in Cres eine Kathedrale nach den Plänen der Kathedrale von Osor zu bauen, die ja bereits vorhanden waren. Trotz allem wollten die Bischöfe die Kirchen in Osor nicht aufgeben. Sie ließen weiterbauen, und kurz nachdem die Kathedrale in Cres fertiggestellt war, konnte 1497 auch die Kirche in Osor geweiht werden. Der freistehende Glockenturm entstand allerdings erst im 16. Jahrhundert unter Baumeister Jakob Galeto aus Krk.

Über dem kunstvoll gearbeiteten Renaissanceportal steht ein Bildnis der Maria mit dem Kind. Von Bedeutung im inneren der Kirche sind der barocke Hauptaltar aus dem 17. Jahrhundert, die Schatzkammer der Kathedrale und einige Gemälde. Dazu gehören das Bild der Muttergottes von Ružarija aus dem 17. Jahrhundert, das Bild der Maria vom Berge Karmel aus dem 19. Jahrhundert und der Kreuzweg, der 1989 von kroatischen Künstlern geschaffen wurde. Unter dem Hauptaltar befindet sich das Reliquiengrab des Heiligen Gaudentius, des Schutzpatrons von Osor.

In der Kirche und auf dem Platz davor finden seit 1976 im Juli und August klassische Konzerte statt, die sich jeweils mit den Werken eines ausgewählten Komponisten befassen. Auch Musikstücke sind zu hören, die eigens für das Festival komponiert wurden und in Osor zur Uraufführung kommen.

Informationen erhalten Sie vom Fremdenverkehrs-
verband der Stadt Mali Lošinj.

Tel.: 051/231 547
E-mali: hrtzg-mali-Lošinj @ri.t-com.hr

Besichtigung der Kathedrale und/oder der Schatzkammer nur nach Voranmeldung.
Tel.: 051/237 112

Das Stadtmuseum im alten Rathaus

Auch das ehemalige Rathaus steht auf dem Hauptplatz. Es ist das Gebäude mit dem Uhrturm, der aus
dem 19. Jahrhundert stammt. Das Rathaus selbst
wurde jedoch bereits im 15. Jahrhundert erbaut. Im
Erdgeschoss befinden sich eine moderne Galerie, ein
Souvenirladen und das Lapidarium von Osor, das
eine Sammlung von Steinwerken (Skulpturen, Grabsteine und andere Fundstücke) aus dem 1.-11. Jahrhundert zeigt. Im Obergeschoss ist das Stadtmu-
seum mit einer Sammlung von Funden aus prähisto-
rischer und römischer Zeit untergebracht.

Während der Sommermonate hat das Museum täglich von 10 bis 12 Uhr geöffnet.

Kirche des Heiligen Gaudentius

Rechts der Kathedrale befindet sich eine kleine Kirche, die dem Heiligen Gaudentius geweiht ist. Sie wurde im 15. Jahrhundert im Stil der Spätgotik erbaut und beherbergt wertvolle Fresken aus der Zeit ihre Entstehung, ein Altarbild, das eine Ansicht aus dem Jahr 1868 von Osor mit dem Stadtpatron zeigt, und eine gotische Holzfigur des Heiligen Gaudentius. Außen, links neben dem Eingang, steht eine moderne Plastik, die einen Geiger darstellt.

Gehen Sie weiter bis zum Kanal Kavunada, sehen Sie dort links die stählerne Drehbücke. Achten Sie auf den Steintisch direkt an der Brücke – auf seiner Platte ist ein Mühlespiel eingraviert. Während die Seeleute auf die Weiterfahrt ihres Schiffes warteten, konnten sie sich mit dem Spiel die Zeit vertreiben.

Biegt man am Hafen nach rechts ab, führt ein Weg hinter der einstigen Stadtmauer entlang. Er war so etwas wie ein Wehrgang, denn auf ihm patrouillierten die Wächter und Soldaten und behielten das Meer im Auge. Geht man diesen Weg und zweigt gleich bei der ersten Möglichkeit nach rechts ab, kommt man an der Benediktinerabtei vorbei und gelangt schließlich wieder in den Ort. Es ist ein netter Spaziergang, der auch Einblick in die Gärten von Osor bietet.

Die Benediktinerabtei und das Wirken des Heiligen Gaudentius

Das romanische Benediktinerkloster mit Kirche aus dem 11. Jahrhundert war dem Heiligen Peter geweiht. Erbaut wurde die Anlage unter Bischof Gaudentius, dem späteren Stadtheiligen von Osor. Gaudentius - sein Name bedeutet 'der Fröhliche' - in Tržic, stammte aus einem Dorf unweit von Osor, das heute verlassen ist. Er war ein großer Reformator, wirkte von 1018 bis 1042 in Osor und ließ nicht nur dieses Männerkloster, sondern auch ein Nonnenkloster erbauen.

Im 17. Jahrhundert verließen die letzten Mönche das Kloster. Steine und verzierende Elemente der Gebäude wurden von den Menschen aus Osor nach und nach abgetragen und in ihren Häusern verbaut, und so findet man Teile davon über die ganze Stadt verstreut. Auf dem Weg zum Kloster sind Sie auch an einem verlassenen Haus vorbeigekommen, über dessen vernagelter Eingangstür eine Rosette und ein Wappen aus dem Kloster zu sehen sind.

Aufgrund von Auseinandersetzungen mit einigen Adeligen von Osor, deren ausschweifenden Lebensstil er anprangerte, war Gaudentius im Jahr 1042 gezwungen zu fliehen. Der Legende nach versteckt er sich auf dem Berg Osorcica in einer dunklen Grotte, in der es viele giftige Schlangen gab. Dort verbrachte er ein Jahr, tat Buße und bat Gott, die Inseln von Giftschlangen zu befreien. Tatsächlich gibt es heute keine Giftschlangen mehr auf Cres und Lošinj. Die Grotte wurde später nach dem Heiligen 'Grube des Gaudentius' benannt.

Verbürgt ist, dass Gaudentius nach einem Jahr als Einsiedler in der Grotte auf dem Berg Osorcica nach Rom floh und dort sein Einsiedlerleben in einem Franziskanerkloster fortsetzte, wo er am 31. Mai 1044 starb.

Eine weitere Legende besagt, dass fast hundert Jahre nach seinem Tod eines Morgens noch vor Morgengrauen alle Glocken von selbst läuteten. Die Menschen lief zum Hafen, um nachzuschauen, was los war, und sahen im Meer unter der Stadtmauer eine hölzerne Kiste schwimmen. Man barg sie und entdeckte darin einen Sarg mit dem Leichnam des Heiligen Gaudentius. Die Bewohner von Osor bauten eine kleine Kirche, in der sie ihn aufbewahrten, und ernannten ihn zu ihrem Stadtheiligen.

Geht man am Kloster vorbei, wendet sich der Weg nach rechts. Dort wo er auf eine schmale, antike Straße stößt, sieht man, in ein Hauseck eingelassen, einen geflügelten Markuslöwen. Er gehörte zu einem Stadttor, das an dieser Stelle stand und abends geschlossen wurde. Zweigt man hier nach links ab, kommt man zum Parkplatz am Kreisverkehr. Rechts geht man in die Stadt zurück. Achten Sie auch auf den Mittelstreifen im antiken Pflaster – er ist ein Zeichen, dass es sich um eine durchgehende Straße handelt. Hatte eine Pflasterung keinen solchen Streifen, war man in eine Sackgasse geraten.

Tipp: *Geht man bei Markuslöwen links, also Richtung Kreisverkehr, und biegt nach 50 Metern links auf den Feldweg ab, kommt man zur Bucht Bijar (einstiger Hafen und Ruinen des Franziskanerklosters). Man kann dort auch schön baden.*

Die Friedhofskapelle im Norden von Osor

steht auf einem Hügelgrab aus vorchristlicher Zeit. Auch der römische Mosaikboden in ihr stammt noch aus der Antike. Die Friedhofskapelle ist Teil der alten Kathedrale von Osor, die hier stand. Sie wurde im 9. Jahrhundert bei einem Angriff der Sarazenen zerstört und wiederaufgebaut. Nachdem sie bei einem

Überfall der Genuesen im 14. Jahrhundert zum zweiten Mal dieses Schicksal erlitt, hat man sie aufgegeben.

Aus dem Mittelschiff des einstigen Doms entstand die heutige Kirche, die der Mutter Gottes geweiht ist. Die eingemauerten Arkaden an der Nordwand zeugen davon. Sie gehörten zum Säulengang der Kathedrale, der das Seitenschiff vom Hauptschiff trennte. Außerhalb der Kirche findet man noch Spuren von den Grundmauern der Seitenschiffe und die Reste der Taufkapelle mit einem sechseckigen Taufbecken und einem Wasserzufluss. Im Gegensatz zu heute, wo man bei einer Taufe nur mit etwas Wasser benetzt wird, stiegen damals die gewöhnlich erwachsenen Täuflinge ins Becken und wurden dreimal untergetaucht.

Campingplatz Bijar

Etwa zweihundert Meter von Osor entfernt, auf der Seite von Lošinj , gibt es einen einfachen Campingplatz für Zelte und Caravans mit kleinen natürlichen Fels- und Kiesstränden. Einen größeren Kieselstrand findet man etwa fünfzig Meter vom Campingplatz entfernt.

Punta Križa – äußerste Südspitze von Cres

Die einzigen noch bewohnten Orte auf dem dichtbewaldeten, südöstlich von Osor liegenden Südzipfel von Cres sind Pogana und Punta Križa. Punta Križa bedeutet 'Punkt der Kreuzung'. Der Ort, nach dem die gesamte Südspitze benannt ist, erhielt seinen Namen, weil hier die Wege zusammenstießen, die zu den in alle Himmelsrichtungen verstreuten Hirtenunterkünften führten. Sie hießen zum Beispiel Lusare, Peski, Ograde, Smriječje, Banat, Parhavac, Drakovac oder Garmožuaj.

Punta Križa ist kaum noch besiedelt und ein beliebtes Ziel von Wanderern, Rad- und Kajakfahrern, Seglern und FKK-Anhängern, die auf dem FKK-Campingplatz Baldarin ihr Feriendomizil finden. Es gibt zahlreiche zerklüftete Buchten und einsame Badeplätze, die zum Teil nur vom Meer aus erreicht werden können. Spaziergänger treffen auf Reste von römischen Gebäuden, prähistorische Höhlen, erst im 20. Jahrhundert verlassene Siedlungen, verfallene Kirchen und alte Hirtenhäusern.

Man findet eine reiche Flora vor, denn die meisten der 1400 verschiedenen Pflanzenarten wachsen hier, und es gibt sogar an einigen Stellen kleine, mediterrane Regenwälder. Im Frühling findet man wilden Spargel, im Sommer und Herbst allerhand Pilze wie Röhrlinge, Parasolpilze oder Pfifferlinge, und mit etwas Glück kann man auf den Abertausenden von Steinen sogar Fossilien entdecken.

Auch Tieren begegnet man immer wieder. Neben den allgegenwärtigen Schafen und Eseln gibt es Wildschweine, Fasane, Hasen, Baummarder, Höhenläufer, allerhand andere Vögel und Damwild, das man an den Wasserlöchern oder in den Wäldern beobachten und vor allem auch riechen kann. Und wenn man von einer der zahlreichen Buchten aufs

Meer hinausblickt, kann es schon mal passieren, dass man eine Schule von Tümmlern entdeckt.

Von Osor bis zur Südspitze führt eine fünfzehn Kilometer lange, schmale, geteerte Straße, von der gekennzeichnete Wander- und Radwege abgehen. Auf den Hinweisschildern, die an der Hauptstraße und in einigen Ortschaften stehen, wird die Strecke in Marschzeit angegeben. Da Punta Križa flach ist, sind die Wege meist einfach zu gehen. Für Wanderer sind sie an Bäumen und Felsen mit roter und weißer Farbe markiert, für Radfahrer gelb. Die geteerte Straße, die von Osor bis an die Südküste führt, ist natürlich für alle Radfahrer geeignet, für die gelbmarkierten Radwege sollte man ein Mountainbike haben.

Die Höhle Jami na sredi

Diese altsteinzeitliche Höhle wurde ab etwa 5500 vor Christus bis 700 nach Christus von Menschen bewohnt. Sie lebten von Früchten, Kleingetier und Muscheln und dem, was sie auf der Jagd erlegen konnten. Auch Einsiedler zogen sich hierher zurück.

Die beiden miteinander verbundenen Räume der Höhle sind sechzehn Meter lang und erreichen eine Höhe von achtundzwanzig Metern. Durch eine Öffnung in der Mitte der Decke kann man durch das Geäst der oben wachsenden Bäume den Himmel sehen.

Die Wege zur Höhle, die zwei Eingänge hat, sind gut ausgeschildert.

Bricht man in Osor auf, parkt man sein Auto am Parkplatz beim Kreisverkehr und folgt der Straße nach Punta Križa. Nach etwa einem Kilometer biegt man rechts auf einen rotmarkierten Wanderweg zur Höhle ab. Man geht insgesamt etwa fünf Kilometer.

Ein wenig kürzer ist es, wenn man von Osor Richtung Punta Križa mit dem Auto fährt. Nach etwa sechs Kilometern kommt man zu einem Hinweisschild, auf dem die Höhle Jami na sredi angegeben ist. Hier parken. Bis zur Höhle sind es gut drei Kilometer.

Hat man Lust, etwas länger zu wandern, kann man von der Höhle zum rotmarkierten Wanderweg zurückgehen und dort nach rechts abbiegen. Man kommt durch den verlassenen Hirtenweiler Drakovac und schließlich nach Punta Križa, wo man einkehren und essen kann. Von dort auf der Teerstraße Richtung Osor zum Auto zurückgehen. Insgesamt etwa 12 Kilometer.

Tipp: *Von der geteerten Straße nach Punta Križa führt ein 400 Meter langer Weg zu einer liburnischen Burgruine auf dem Vela Straza (achten Sie auf das Hinweisschild!). Dieser Aussichtspunkt liegt auf einer Höhe von 154 Metern. Oben angekommen kann man einen kleinen Turm besteigen und einen wunderbaren Ausblick genießen.*

Eine weitere Möglichkeit: Man fährt mit dem Auto von Osor Richtung Punta Križa. Nach etwa sechs Kilometern kommt man zu jenem Hinweisschild, auf dem die Höhle 'Jami na sredi' angegeben ist. Von hier geht man etwa eine Stunde zur Höhle. Zurück am Auto, kann man nun die Teerstraße überqueren und an der Gabelung rechts bzw. geradeaus gehen. Nach etwa 30 Minuten kommt man zum Aussichtspunkt Matalda. Von hier hat man einen weiten Blick auf die Inseln Rab, Pag und Krk und auf das Velebit-Gebirge auf dem Festland. Ist man wieder beim

Auto, war man insgesamt etwa zwei Stunden unterwegs – die Besichtigung der Höhle natürlich nicht mit eingerechnet.

Bricht man im Ort Punta Križa zur Höhle auf, geht man auf der Teerstraße knapp zwei Kilometer Richtung Osor, bis man links auf einen Wanderweg abzweigt. Von hier sind es noch etwa vier Kilometer bis zur Höhle.

Baden an den Stränden von Punta Križa

Während die Strände fast überall auf Cres und Lošinj felsig sind oder einen Kiesbelag haben, gibt es auf dem südlichsten Zipfel von Cres Sandbuchten.

Die Bucht Meli im äußersten Südosten besteht genaugenommen aus mehreren Buchten, die gezackt wie Haifischzähne ins Meer ragen. Die flachen Ufer sind nach Süden ausgerichtet, wodurch das Meer ruhig ist, und dank der Bäume entlang des Ufers kann man auch Schatten finden. Trotzdem ist es besser, einen Sonnenschirm mitzubringen.

Um hinzukommen fährt man von Osor nach Punta Križa. An der Kirche links Richtung Uvala Ul. Kommt man zum Meer, gabelt sich die Straße, dort rechts fahren. Nach zwei Kilometern gabelt sich die Straße noch einmal. Hier bleibt man auf der Straße, also links halten. Nun noch ein paarhundert Meter. Dann parken und ein paar Minuten Richtung Süden zum Meer laufen.

Tipp: *In der 'Konoba Pogana', in dem kleinen Ort Pogana, kann man sehr schön direkt am Meer sitzen und gute, kroatische Küche bekommen. Abends muss man meist warten, denn die Tische sind fast immer besetzt. Warmes Essen gibt es ab 17 Uhr. / Tel.: +385 51235617*

Vom Campingplatz Baldarin aus kann man mit einem Taxi-Boot zweimal täglich nach Mali Lošinj fahren oder Ausflüge zu einigen der umliegenden Inseln unternehmen.

Die Insel Lošinj

Die Geschichte der Insel Lošinj

Auf alten Dokumenten und Karten aus der Zeit vor dem 16. Jahrhundert trägt die Insel gelegentlich den Namen 'Insel Osorski'. Das rührt daher, dass sie im Besitz einer Adelsfamilie von Osor war. Die Bezeichnung „Isola di Lussin" taucht erstmals 1384 auf. Dieser Name bezieht sich vermutlich auf 'Iásia', das griechische Wort für Dickicht. Ein Zusammenhang wird verständlich, wenn man weiß, dass Lošinj ursprünglich von Gebüsch und Gestrüpp so dicht bewachsen war, dass kaum ein Fortkommen bestand und auch an Ackerbau nicht gedacht werden konnte.

Erste Besiedlungsversuche gab es entlang der Küste während der Zeit der alten Römer, die dort Landhäuser (Villae rusticae) bauten und Viehzucht betrieben. Doch als das Römische Reich fiel und die Meere nicht mehr gesichert waren, häuften sich Überfälle von Uskoken und Piraten. Das Leben an den Küsten wurde zu gefährlich, die Menschen zogen sich in die befestigten Städte zurück.

Erst im 13. Jahrhundert gab es einen neuen Vorstoß. Zwölf Familien aus Kroatien kamen um 1280 auf die

Insel und ließen sich, im Einvernehmen mit der Obrigkeit von Osor, auf einem Berg nahe der Bucht Javorna nieder. Ihren Ort nannten sie Velo Selo (großes Dorf). Später gründeten sie in der St.-Martin-Bucht eine weitere Ansiedlung und nannten sie Malo Selo (kleines Dorf). Aus Velo Selo wurde Veli Lošinj, aus Malo Velo Mali Lošinj. Heute ist es genau umgekehrt. Das ehemals 'kleine Dorf' ist zur Hauptstadt des Archipels herangewachsen, das 'große Dorf' ist ein kleiner, beschaulicher Ort geblieben.

Die ersten Siedler waren Bauern und betrieben Viehzucht, denn immer noch eignete sich das Land nicht für den Ackerbau. Erst viel später wurden im Süden von Lošinj Weinberge und Olivenhaine angelegt, die jedoch heute wieder verschwunden sind. Weil diese Leute nur kroatisch sprachen, benötigten sie Dolmetscher, um sich mit der Obrigkeit in Osor zu verständigen. Man duldete sie, aber erst im 14. Jahrhundert erhielten ihre Nachkommen autonome Rechte.

Doch Rechte bringen immer auch Pflichten mit sich. In einem Dokument aus dem Jahre 1398 wird die Höhe der Steuer bestimmt, welche die Leute aus

Lošinj an Osor zahlen mussten. Auch musste eine gewisse Anzahl der Männer Dienst auf venezianischen Galeeren leisten. Andere heuerten als Matrosen an und befuhren die Weltmeere, und bald brachte Lošinj angesehene Kapitäne hervor. So kam Geld in die Gemeinschaft, und man fing an, mit Salz und anderen Waren zu handeln. In den folgenden Jahrhunderten fuhren Schiffe aus Lošinj sogar bis nach Nord- und Südamerika.

Eine erste Blütezeit erlebte der Südteil der Insel gegen Ende des 18. Jahrhunderts. Nachdem Österreich anno 1717 die freie Seeschifffahrt an der Adria gestattet hatte, verfügten die Lošinjer in kurzer Zeit über eine ansehnliche Flotte. 1869 waren es 150 große Segelschiffe, bis zu 1500 Tonnen schwer, davon 127 Langstrecken-Segelschiffe.

An die Zeit, als Lošinjer Männer mit Segelschiffen aufbrachen, um fremde Länder zu erkunden und Handel zu betreiben, erinnern heute noch die Gärten und Parks von Mali Lošinj und Veli Lošinj. In ihnen wachsen für dieses Gebiet untypischen Pflanzensorten aus aller Welt, die damals von den Seeleuten mitgebracht wurden. Darunter Palmen, Zitronen, Orangen, Datteln, Bananen, Eukalyptus, Zeder

und Sequoie. Letzteres sind immergrüne Küstenmammutbäume, deren Name sich vom Indianer-
häuptling Sequoyah herleitet, der 1760 bis 1843
lebte. Dank des milden Klimas konnten all diese
Pflanzen auch hier gut gedeihen.

Mitte des 19. Jahrhunderts gab es sechs Werften,
und Mali Lošinj, das ursprünglich 'kleine Dorf', war
mit 5300 Einwohnern eine für Inselverhältnisse
'große Stadt' geworden. Zum Vergleich: Zu Beginn
des 19. Jahrhunderts hatte München gerade mal 32
000 Einwohner.

1854 wurde die Seefahrtschule von Mali Lošinj gegründet, die heute noch ein wichtiges Ausbildungs-
zentrum für die Handelsschifffahrt ist. Sie war bis
1948 in einem Haus nahe am Hafen (hinter dem
Fischmarkt) untergebracht. Danach wurde sie geschlossen, aber 1960 auf Druck der Bevölkerung wie-
dereröffnet. 1975 zog sie in ein neuerrichtetes Gebäude außerhalb der Stadt um, das in seiner Form
entfernt an ein Segelschiff erinnert.

Doch durch die Modernisierung der Seefahrt und das
Aufkommen von Dampfschiffen, die nicht vom Wind
abhängig, aus Stahl gebaut und robuster waren,

wurde gegen Ende des 19. Jahrhunderts der Untergang der herkömmlichen Seefahrt mit großen Segelschiffen eingeläutet, wodurch auch Lošinj an Bedeutung verlor. Die wachsende Entwicklung der relativ nahen Häfen von Triest und Rijeka taten ein Weiteres.

Von 1814 bis 1918 gehörten die Inseln der Kvarner Bucht wieder einmal zu Österreich-Ungarn. Aufgrund einer Studie des Botanikers Ambroz Haračić, der in Wien Naturwissenschaften lehrte und an der Seefahrtschule in Mali Lošinj 1879 eine meteorologische Station gründete, wurde erkannt, wie gesundheitsfördernd das Klima von Lošinj ist, das im Gegensatz zum raueren Klima von Cres milde Winter und nicht zu heiße Sommer hat. Dank seines Einsatzes erklärt 1892 das Gesundheitsministerium der österreichisch-ungarischen Monarchie den Süden der Insel zum Luftkurort. Ein zweites Projekt Professor Ambroz Haračićs kam hinzu. Zusammen mit einigen Verbündeten ließ er große Flächen der felsigen Landschaft um die Orte Mali und Veli Lošinj bewalden. Heute sind diese prächtigen Pinienwälder für den Tourismus von unschätzbarem Wert.

Seitdem ist Lošinj ein anerkannter Kurort für Erkran-kungen der Atemwege und Allergien. Damit hielt Ende des 19. Jahrhunderts der Tourismus Einzug auf der Insel und bot einen Ersatz für den Ausfall der Seefahrt. Die österreichisch-ungarischen Adligen er-richteten ihre Sommerresidenzen, es wurden Hotels und Behandlungszentren gebaut. Zunächst dauerte die Saison vom 1. Oktober bis 31. Mai, denn es ka-men vornehmlich Kranke, die dem kalten und ge-sundheitsschädlichen mitteleuropäischen Klima ent-fliehen wollten und Heilung suchten. Doch ab An-fang des 20. Jahrhunderts entwickelte sich auch ein Badetourismus, der Sommergäste auf die Insel brachte.

Einen weiteren Schub für die Entwicklung des Tou-rismus auf Lošinj brachte die Einrichtung eines Dampfschifflinienverkehrs zwischen der Insel, Triest, Rijeka und Pula. Dadurch war man mit den Eisen-bahnlinien nach Wien und Budapest verknüpft, die es jetzt gab.

Zwei Weltkriege, Enteignungen, der Sozialismus folgten und brachten für einige Zeit einen Stillstand dieser Entwicklung mit sich. Doch heute zählt Lošinj mit einem breiten touristischen Angebot und seiner besonderen Flora und Fauna wieder zu den bedeutenden Tourismuszentren an der Adria.

Mali Lošinj - Wissenswertes

Lošinj ist flacher, stärker gegliedert und bewaldet als Cres, und obwohl Lošinj kleiner ist, leben hier mehr Menschen als auf der Nachbarinsel. Mali Lošinj ist mit knapp 7000 Einwohnern die größte Inselstadt an der Adria und die Hauptstadt des Archipels. Sie liegt an einem fjordähnlichen Meeresarm, der Augustus-Bucht, die tief ins Land hineinreicht. Dadurch ist sie geschützt, und Bora und Jugo können ihr weniger zusetzen als den Ortschaften an der freien Küste. Die Häuser sind eng aneinandergedrängt, die schmalen Gassen schlängeln sich rechts und links des Stadthafens eine Anhöhe hinauf.

Die alten und liebevoll renovierten Villen österreichisch-ungarischer Adliger, in denen heute Hotels, Geschäfte, Cafés und Restaurants untergebracht sind, prägen das Bild der Stadt und des Stadthafens, der vor allem in den Sommermonaten mit Segelschiffen und Motorjachten vollbelegt ist. Die kilometerlange Uferpromenade 'Lungo Mare' zwischen Mali und Veli Lošinj entlang der zerklüfteten Küste lädt zum Spazieren ein und bietet immer wieder einen anderen, ergreifenden Ausblick auf das tieftürkise, glasklare Meer – ein Paradies für Kranke und Erholungssuchende.

Mali Lošinj hat neben dem großen Stadthafen eine Marina, die nördlich der Stadt bei einer Werft gelegen ist, in der große Schiffe repariert werden. Dort befindet sich auch der Privlaka-Kanal. Dank ihm können kleinere Schiffe von der Ostseite der Insel in den Hafen einfahren, die ansonsten die gesamte Insel südlich umrunden müssten. Allerdings wird die Brücke, die für den Verkehr über den Kanal führt, nur zweimal pro Tag geöffnet – um 9:00 und um 18:00 Uhr.

Parken in Mali Lošinj

Wenn Sie mit dem Auto als 'Tagestourist' nach Lošinj kommen, benötigen Sie einen Parkplatz. Wir raten davon ab, in die Stadt zu fahren. Das bringt nur Stress, und in den engen Gassen einen Parkplatz zu finden, ist so gut wie aussichtslos.

Wir schlagen drei Parkmöglichkeiten vor.

Parken an der Festung

Hinter der Festung gibt es einen freien Platz, auf dem geparkt werden kann. Dieser Platz ist kostenlos, stadtnah und auch für Campingfahrzeuge geeignet. Rollstuhlfahrer sollten hier nicht parken, denn um in die Stadt zu kommen, müssen Treppen überwunden werden.

Wenn Sie aus Richtung Osor kommen, fahren Sie über den Kanal und geradeaus weiter Richtung Stadt. An der ersten großen Kreuzung rechts. Nun immer auf dieser Straße bleiben. Die Straße macht eine Linkskurve – hier biegen Sie sozusagen links ab. Es geht durch eine Siedlung. Dort wo die Häuser auf der rechten Seite aufhören, sehen Sie schon die Mauern der Festungsruine. Fahren Sie an der Festung vorbei und dann rechts in die Sackgasse. Dort, auf dem freien Gelände, kann geparkt werden.

Wenn Sie aus Richtung Veli Lošinj kommen, fahren Sie Richtung Osor. Sie passieren eine kleine Kreuzung, an der es rechts zur Kirche St. Martin geht, und kommen nach ein paarhundert Meter an eine große Kreuzung. Hier links. An der Linkskurve auf dieser Straße bleiben – Sie biegen sozusagen links ab. Es geht durch eine Siedlung. Dort wo die Häuser auf der rechten Seite aufhören, sehen Sie schon die Mauern der Festungsruine. Fahren Sie an der Festung vorbei und dann rechts in die Sackgasse. Dort, am freien Gelände, kann man parken!

Achtung*: Wenn Sie später den Parkplatz verlassen, fahren Sie unbedingt den Weg zurück zur Hauptstraße!*

So kommen Sie von der Festung in die Stadt: Hinter der Festung vorbei auf die andere Seite und links in die schmale Gasse. Sie führt zur Pfarrkirche hinunter.

Von hier können Sie unserem Rundgang folgen (siehe im Inhaltsverzeichnis 'Kirche der Geburt der Jungfrau Maria') der Sie am Ende wieder zur Kirche führen wird.

Parken an der Polizeistation

Fahren Sie in die Stadt. Achten Sie auf die Wegweiser und biegen Sie zur 'Policija' ab. Direkt vor der Polizeistation (Adresse Primorje-Gorski) gibt es ein Parkgelände. Dieser Parkplatz ist ebenfalls stadtnah, aber kostenpflichtig. Um zum Hafen zu kommen, wo unser Rundgang beginnt, gehen Sie an der Straße links und dann immer geradeaus.

Tipp: *Dieser Parkplatz ist (nur) bedingt auch für Rollstuhlfahrer geeignet, denn leider gibt es Bordsteinkanten. Es geht bergab und zurück dann wieder bergauf – aber das ist in Mali Lošinj nicht anders möglich. Sie können versuchen, mit dem Auto weiter in die Stadt zu fahren. Parkplätze sind allerdings äußerst knapp.*

Parken an der Omladinska ul.

Für den Fall, dass Sie weder bei der Festung noch an der Polizeistation einen freien Parkplatz gefunden haben, fahren Sie zurück auf die Hauptstraße, dort rechts Richtung Veli Lošinj. Am Kreisverkehr die erste Ausfahrt und weiter Richtung Campingplatz. An der großen Kreuzung mit Ampel rechts – dort gibt es einen kostenfreien Parkplatz, der auch für Camper geeignet ist. Zu Fuß gehen Sie zuerst zur Straße zurück und dort rechts, also weiter Richtung Campingplatz. Anfangs auf einem Gehsteig. Dann müssen Sie leider etwa fünfzig Meter direkt an der Straße gehen. Biegen Sie an der ersten Möglichkeit rechts ab (Richtung Lidl). Rechts an Lidl vorbei, am Ende von Lidl rechts in die kleine Gasse. Nun immer geradeaus bis zur größeren Straße. Dort links zum Hafen.

Ab Parkplatz bis Hafen gehen Sie einen Kilometer. Für Rollstuhlfahrer nicht geeignet!

Die Sehenswürdigkeiten von Mali Lošinj

Wir haben für Sie einen Rundgang durch Mali Lošinj zusammengestellt, auf dem wir Sie zu allen Sehenswürdigkeiten führen. Er beginnt am Stadthafen.

Platz der Republik Kroatien

Die Straße, die an seiner engsten Stelle auf den Platz mündet, wurde erst 1920 angelegt. Bis dahin konnte er nur vom Hafen und über die kleinen Gassen rechts und links erreicht werden.

In groben Zügen wurde der Hauptplatz von Mal Lošinj Ende des 19. Jahrhunderts gestaltet. Es gab einen alten Springbrunnen, der von der Stadtquelle gespeist wurde, die sich oben auf dem Berg vor der Pfarrkirche befindet. Ihn hat man 1960 durch die große Brunnenanlage ersetzt, die heute den Platz

dominiert. Sie wurde zu Ehren des Vrana Sees errichtet, der die Insel mit Trinkwasser versorgt. Ein kleinerer Brunnen mit zwei wasserspeienden Bronze-
Tümmlern in einer steinernen Schale steht nahe an
der Uferpromenade. Sie sollen ankommende Seefahrer mit frischem Trinkwasser begrüßen. Auch dieser Brunnen stammt aus dem Jahr 1960.

Fischmarkt – alte Seefahrtschule - Touristeninfo

Stehe man mit Blick Richtung Hafen und schaut dann
nach links, sieht man dort ein flaches Jugendstil-Ge-
bäude aus hellem Sandstein mit großen blauen Fenstern. Es ist der Fischmarkt von Lošinj. Er wurde im
Jahr 1895 anstelle einer alten Olivenmühle errichtet.
Geöffnet ist er nur vormittags.

Geht man am Fischmarkt vorbei auf die linke Hafen-
promenade und biegt nach dem nachfolgenden
Haus links ab, steht man auf einem kleinen Platz. Die
Skulptur eines athletischen, nackten Mannes mit
Harpune in der linken und einem erlegten Fisch in
der rechten Hand ist das Werk des Bildhauers Ante
Starčević aus dem Jahr 1989. Dahinter, das gelbe Gebäude, ist die ehemalige Seefahrtschule – das Insti-
tuto nautico Sauro.

Gehen Sie an der Uferpromenade noch weiter Richtung Norden, kommen Sie kurz nach der vierten Hafenmole zur Touristeninfo.

Museum des Apoxyomenos

Zurück zum Fischmarkt. Hat man ihn im Rücken, blickt man auf den Beginn der 'Riva lošinjskih kapetana'. So heißt die große Promenade, die an der Ostseite der Bucht am Hafen entlang bis nahe an die Werft führt. An dieser Promenade liegt das Museum des Apoxyomenos. Es befindet sich im 'Kvarner Palast' - das weiße Gebäude mit den eckigen Säulen (Nr. 13 / ab Anfang der Promenade sind es 300 Meter).

Dieses Museum, das sich über mehrere Stockwerke erstreckt, ist etwas ganz Besonderes. Auch wenn der Eintritt nicht gerade günstig ist, sollte man es besuchen. Der 'Kvarner Palast' wurde in seinem Inneren nur für den Apoxyomenos umgestaltet, eine Bronzestatue, die das einzige Ausstellungsstück des Museums ist. Das Haus an sich ist schon 'eine Schau' und der Weg zur Statue und zurück zum Ausgang ebenso interessant wie der 'Apoxyomenos' selbst. Gestaltet wurde es von den Architekten Idris Turato und Saša Randić.

Der Fund der Bronzestatue galt als Sensation, denn es existieren weltweit nur sieben Apoxyomenos-Statuen, wobei der kroatische Apoxyomenos als die am besten erhaltene gilt. Als Apoxyomenos bezeichnet man die Statue eines Athleten, der sich nach einem Wettstreit mit Hilfe eines Schabers Öl, Staub und Schweiß von der Haut streift. Solche Schaber, die man in der Antike benutzte, nannte man Strigilis. Sie bestanden aus einem einige Zentimeter breitem flachen Streifen aus Bronze oder Eisen, der an einem Ende zu einem halbrunden Haken gebogen war und am anderen Ende einen Griff hatte. Meist gehörte zu einem Strigilis auch noch ein Schwamm und ein Salbgefäß, denn es war üblich, dass sich Athleten vor einem Wettkampf einölten. Auch nach dem Besuch eines Schwitzbades wurde ein Strigilis benutzt, um sich Schweiß und Verunreinigungen aus den Poren zu streifen.

Gefunden hat man den 192 cm großen Apoxyomenos im Jahr 1999. Er lag zwischen der Insel Vele Orjule und Mali Lošinj in einer Tiefe von 45 Metern im

Meer. Man nimmt an, dass er dort entweder während eines starken Sturms versenkt wurde, um das Schiff von Ballast zu befreien, oder als Opfergabe an die Götter.

Der kroatische Apoxyomenos ist die hellenistische Kopie eines verlorenen Originals, das von einem

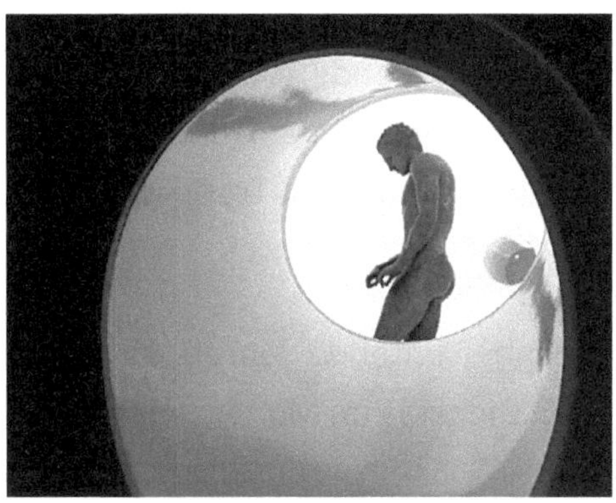

unbekannten Meister geschaffen wurde. Seine Restauration dauerte beinahe sieben Jahre. Untersuchungen, die man an der Statue vornahm, habe einen hohen Bleigehalt ergeben. Daraus schließt man, dass sie aus dem 4. bis 3. Jahrhundert vor Christus stammt, denn zu dieser Zeit wurde zum Bronzeguss solches Material verwendet.

Tipp: *Zur Hochsaison sollte man vorab reservieren, da es dann nur geführte Besichtigungen in kroatischer, englischer und italienischer Sprache gibt. Man erfährt viel über die Arbeit der Meeresarchäologen*

*und die Technologie des Restaurierens. Der Apo-
xyomenos kann nur unter Aufsicht und nur für etwa
fünf Minuten betrachtet werden. Es gibt eine Luke –
ein Fischauge – durch das man die Staute fotografieren kann, im Raum selbst ist das das Fotografieren
des Apoxyomenos verboten.*

Für Rollstuhlfahrer ist das Museum leider nicht geeignet. Der sehr beeindruckende Weg durchs Haus
führt über künstlerische gestaltete Treppen hinauf
und an anderer Stelle über andere Treppen wieder
hinunter.

Freier Eintritt für Kinder unter 12 Jahren, sowie für
alle an jedem ersten Dienstag im Monat zwischen 10
und 13 Uhr.

Adresse: Museum des Apoxyomenos / Riva lošinjskih
kapetana 13 / HR-51550 Mali Lošinj / Tel.: +385 51
734 260 / info@muzejapoksiomena.hr /
www.muzejapoksiomena.hr

So gehen Sie weiter: *Wenn Sie das Museum verlassen, nach links abbiegen. Gehen Sie auf der Promenade 150 Meter zurück bis zu dem kleinen begrünten
Platz bei der Sparkasse.*

Büste von Josip Kašman

Auf dem Platz sehen Sie eine Büste von Josip Kašman, einem Bariton, der von der Scala in Mailand bis hin zur Metropolitan Opera in den berühmtesten Opernhäusern der Welt auftrat. Er wurde 1850 in Mali Lošinj als jüngstes von vierzehn Kindern eines österreichischen Vaters und eine Lošinjer Mutter geboren und starb 1925 in Rom.

So gehen Sie weiter: *Die kleine Kirche hinter der Büste ist dem Heiligen Antonius von Padua geweiht. Vor dieser Kirche nach rechts auf die Gasse hinter der Promenade einbiegen. Nach ein paar Metern sehen Sie links den 'Palast Fritzi', heute das Museum von Lošinj.*

Palast Fritzi

Dieses Haus hat eine lange Geschichte. Es wurde zu Beginn des 19. Jahrhunderts als Sitz der Stadtverwaltung gebaut. Damals war es viel kleiner als heute. Umgebaut und vergrößert wurde es, als die Handwerkskammer das Gebäude übernahm.

Ende des 19. Jahrhunderts erwarb ein ungarisches Ehepaar das Haus, um daraus ein Hotel zu machen.

Sie nannten es 'Pension Fritzi', und diesen Namen trägt das Gebäude heute noch.

Das Museum zeigt eine Sammlung von Gemälden italienischer Maler aus dem Barock sowie Werke der italienischen, französischen und holländischen Schulen des 17. und 18. Jahrhunderts. Auch Werke zeitgenössischer kroatischer bildender Künstler sind zu sehen.

Besonders interessant ist die Fotosammlung des Fotografen Dante Lussin, der um die Jahrhundertwende Aufnahmen von den Inseln machte, um sie als Postkarten anzubieten. Er übernahm das Studio seines Schwiegervaters, einem Österreicher, der dieses erste Fotostudio auf Lošinj gegründet hatte. Gezeigt werden neben Reproduktionen seiner Landschaftsfotografien auch Fotoausrüstungen aus dieser Zeit.

Noch ein 'Schmankerl' hat das Museum zu bieten – eine kleine Fruchtbarkeits-Statuette aus einem Etruskergrab. Man fand sie 1975 beim Bau der Villa Diana im Waldgebiet von Čikat.

Adresse: Palast Fritzi, V. Gortana 35, Mali Lošinj, Tel: +385 (0) 51 233 614

So gehen Sie weiter: *Gleich nach dem Palast Fritzi gabelt sich die Straße. Hier gehen Sie links die Gasse bergauf. Der Weg führt teilweise über Stufen. Nach 350 Metern kommen Sie auf einen großen, schwarz-weiß gepflasterten Platz.*

Wenn Sie gerne im Gemäuer alter Ruinen herumstreunen, lohnt sich von hier der Aufstieg zum Kastell. Dann gehen Sie gleich am Beginn des Platzes die kleine Gasse mit den Treppen etwa hundert Meter bergauf. Diese Festung wurde zu Zeiten der Napoleon-Herrschaft gebaut, doch niemals als solche genutzt. In den letzten Jahren finden dort hin und wieder Konzerte statt.

Wer hinter der Festung geparkt hat, kommt auf diesem Weg wieder zu seinem Auto.

Ansonsten überqueren Sie den Platz und gehen Sie bis zur Pfarrkirche von Mali Lošinj weiter.

Kirche der Geburt der Jungfrau Maria

Weil die Kirche des Heiligen Martin in der Martinsbucht zu klein geworden war und sich die Stadt nach Westen hin ausgebreitet hatte, wollte man eine neue und größere Kirche bauen. Also errichtete man in den Jahren 1696 bis 1775 droben auf dem Hügel die dreischiffige Pfarrkirche Mariä Geburt. Von dem großen, aufwendig gepflasterten Platz davor hat man einen weiten Blick zum Hafen hinunter.

Der Brunnen, den man auf der kleinen ummauerten Fläche vor der Kirche sieht, ist die gefasste Quelle, von der aus der Stadtbrunnen auf dem Platz beim Hafen bis in die 1960er Jahre gespeist wurde. Bis dahin hatten nur wenige Haushalte eine Wasserleitung, man musste sein Wasser am Brunnen holen.

Den Altar der Kirche schmückt ein Gemälde der Geburt der Heiligen Jungfrau Maria, und sie beherbergt Reliquien des heiligen Romulus.

Adresse: Ulica Lošinjski Brodograd/Telja.

So gehen Sie weiter: *An der Kirche vorbei und gleich rechts in die Gasse. Sie führt leicht bergab an einem gelben und einem lachsfarbenen Haus vorbei. Am Ende dieser Gasse haben Sie zwei Möglichkeiten. Biegen Sie links ab und überqueren die Hauptverkehrsstraße, kommen Sie zur St. Martinsbucht. Biegen Sie rechts ab, kommen Sie zur 'Ul. braće Ivana i Stjepana Vidulića'. Das ist die Straße, die rechts zum Hafen führt und links zum Parkplatz bei der Polizeistation.*

Friedhof und Kirche Hl. Martin, Mali Lošinj

In der Bucht von 'Sveti Martin' begann mit den ersten Siedlern die Geschichte der Stadt. Heute befinden sich in der Bucht die Kirche des Heiligen Martin aus dem Jahr 1450 – sie war die erste Pfarrkirche von Mali Lošinj - der geschichtsträchtige Friedhof, ein Fischerhafen, die Ferienanlage Zagazinjine und eine Tauchschule mit Liegeplätzen für Boote.

Der Friedhof ist durchaus sehenswert. Nimmt man sich ein wenig Zeit für die teilweise künstlerisch wertvoll gestalteten Grabstätten von 'Sveti Marin', offenbaren sie einiges über die Geschichte der Insel und ihrer Bewohner. Man erfährt etwas über die Herkunft, Beruft und das Leben der Menschen und entdeckt Namen bekannter Kapitäne oder Menschen, die Großes für die Stadt getan haben. An der Mauer hinter der Kirche findet man die ältesten handgemeißelten Grabsteine.

In der Nähe der Bucht gibt es den kleinen Badestrand 'Bojčić'. Ein dichter Pinienwald, der sich bis zum Meer erstreckt, bietet Schatten. Von hier aus führen schattige Spazierwege bis zur Bucht von Kadin.

So gehen Sie weiter: *Um zum Hafen oder zum Parkplatz zu kommen, gehen Sie wie gekommen zurück. Zum Hafen die Hauptstraße überqueren und in die Gasse. Nach 200 Metern stoßen Sie auf die Ul. braće Ivana i Stjepana Vidulića, hier rechts. Zum Auto biegen Sie gleich an der Hauptstraße links ab.*

Čikat Bucht – Vergnügungspark, Campingplatz und Badebuchten

Die Landzunge Čikat liegt in nordwestlicher Richtung eineinhalb Kilometer vom Ortskern entfernt. Vor rund hundert Jahren wurde sie auf Betreiben des Botanikers Ambroz Haracic mit Pinien aufgeforstet.

Im weitläufigen Gebiet von Čikat gibt es einige liebevoll restaurierten ehemaligen Villen aus der Zeit der K. u. K. Monarchie, die zu Hotels umgebaut wurden, aber auch moderne Hotels, wie zum Beispiel das Bellevue. Dazu den 'Family Fun Park Pepé', mit großen Wasserrutschen und Animationsprogramm, sowie den weitläufigen, ganzjährig geöffneten Campingplatz Čikat, der über Stellplätze, Zeltplätze, moderne Mobilwohnheime und Safarizelte verfügt.

Die Bucht Čikat besteht aus drei Strandabschnitten. Der nördlichste ist ein Sandstrand und etwas abgelegen. Die beiden anderen (direkt beim Campingplatz) sind Kies- und Felsstrände. Dort sind Duschen, Umkleidekabinen und Toiletten vorhanden, Kiosk, Strandcafé und Restaurant sorgen für Verpflegung, und der Pinienwald bietet Schatten. Ein FKK-Abschnitt lädt zum Nacktbaden ein.

Es wird ein breitgefächertes Freizeitprogramm angeboten. Von Strandmassage über Wasseraerobic bis hin zu Tauch- oder Surfkursen findet man fast alles, was das Herz begehrt. Zahlreiche schöne Wander- und Spazierwege führen durch den Park oder am Meer entlang. Einer dieser Küstenwege bringt Sie zum 'Kap Anuncijat' mit einer ganz besonderen kleinen Kirche.

Mariä Verkündigung - Kirche der 'Ängste, Seufzer und Tränen'

Dies Wallfahrtskirche am Kap Anuncijat von Čikat wurde 1858 um eine ältere, kleinere Kirche herum errichtet. Hier stoppten einst die ausfahrenden Schiffe, damit die Kapitäne und Seeleute gemeinsam mit ihren Frauen und Müttern für eine gesegnete Reise und eine glückliche Heimkehr beten konnten. Schließlich umarmten sie sich ein letztes Mal, die Männer gingen an Bord und segelten davon. Dabei flossen viele Abschiedstränen, und so erhielt die Kirche ihren zweiten Namen – Kirche der Angst, der Seufzer und der Tränen.

Sie ist angefüllt mit zahllosen Votivgaben und -tafeln, auf denen Bilder von im tosenden Sturm gebeutelten Segelschiffen, geretteten Schiffbrüchigen, aber auch christliche Symbole und Danksagungstexten zu sehen sind. Und immer noch ertönen von vorbeifahrenden Schiffen die Sirenen, wenn Kapitän und Besatzung aus Lošinj stammen.

An folgenden Tagen finden Pilgerfahrten zur Kirche statt: An Mariä Verkündigung (25. März), am Tag vor Mariä Himmelfahrt (15. August), an Mariä Geburt (8. September), und an allen Samstagen und Montagen im Mai.

Poljana Resort mit Campingplatz

Dieses Gelände liegt an der N 100 in einem Kiefernwald kurz vor Mali Lošinj. Es ist die engste Stelle der Insel. Auf der Westseite der Straße gibt es Bootsanleger, und man hat am teils asphaltierten Ufer einen einfachen Zugang zum Meer. Man kann bis zum Hafen von Mali Lošinj und zur Insel Koludarc blicken. Auf der Ostseite, an der Bucht von Poljana, befinden sich ein öffentliches Strandbad und der Campingplatz. Der Eintritt zum Polyana Resort ist für Nichtcamper kostenpflichtig.

Veli Lošinj – Geschichte und Wissenswertes

Veli Lošinj, der zweitgrößte Ort auf der Insel, ist ein wahrhaft bezauberndes, malerisches Städtchen, bei Touristen beliebt und seit der Zeit der K. u. K.-Monarchie als Luftkurort geschätzt. In den Pinienwäldern rund um das Städtchen findet man viele schöne Villen österreichischer Adeliger und reicher Leute, die heute zum Teil aufwändig renoviert sind und wieder im alten Glanz erstrahlen.

Der heutige Ortskern befindet sich am Fuß eines Hügels an einer Fjordähnlichen Einbuchtung der Südostküste der Insel. In einer zweiten Bucht, noch etwas südlicher, liegt der kleine Fischerhafen Rovenska, geschützt durch einen 'Wellenbrecher', der weit ins Meer hineinragt. Einst ein eigenständiges Dorf, ist der kleine Hafen inzwischen eingemeindet und zu einem Stadtteil von Veli Lošinj geworden.

Tipp: *Die Geschichte von Veli Lošinj und Mali Lošinj ist eng miteinander verbunden. Lesen Sie bitte auch den Artikel über Mali Lošinj, um etwas über Veli Lošinj zu erfahren.*

Die erste Siedlung, die von ihren Gründern 'Velo Selo' (Großes Dorf) genannt wurde, entstand auf der Bergkuppe südöstlich des Hafens. Ruinen der ursprünglichen Siedlung, Hramina genannt, existieren noch. Eine kleine einschiffige Kirche, die dem Heiligen Nikolaus gewidmet war, bildete ihren Mittelpunkt. Ob diese Kirche von den Gründern oder vielleicht schon im 12. Jahrhundert von Mönchen des Basilianerordens gebaut wurde, die hier gelebt haben sollen, ist nicht zweifelsfrei geklärt. Im 18. Jahrhundert wurde die Kirche grundlegend erneuert und erweitert und der Heiligen Anna geweiht, deren Namen sie nun trägt.

Die Nachkommen der ersten zwölf Familien gründeten in der Umgebung weitere Dörfer und Weiler. Einige siedelten sich an der Riva Bucht an, dem heutigen Ortskern rund um den Stadthafen, andere im 16. Jahrhundert auch an der Rovenska-Bucht, die sich fünfhundert Meter weiter südlich befindet, oder in der St. Martinsbucht, dem heutigen Mali Lošinj.

Während die 'Zgorinjci', wie die kroatischen Siedler genannt wurden, weiterhin das 'obere Dorf' bewohnten, Ackerbau und Viehzucht betrieben und zur See fuhren, wurde das 'untere Dorf' am heutigen Hafen vorwiegend von Zuwanderern aus Italien bewohnt, den 'Dolinjci', die vom Fischfang und Handel lebten.

Während der Blütezeit der Segelschifffahrt im 18. und 19.Jahrhundert war Veli Lošinj ein beliebter Umschlaghafen für Güter aller Art und Mitte des 19. Jahrhunderts immerhin das zweitgrößte Zentrum der Segelschifffahrt an der östlichen Adria. Anfang der 1850er Jahre wurde eine Schiffsgesellschaft von Veli Lošinj gegründet, die den Bau der imposanten Mole in der Rovenska-Bucht plante und dort eine Werft zum Bau von Segelschiffen gründete.

Veli Lošinj brachte einige berühmte Kapitäne hervor, die Geschichte schrieben. Nach Kapitän Petar Jakov Leva, der 1834 Kap Hoorn mit einer Mannschaft von nur zehn Mann umsegelte und bis nach Valparaiso in Chile fuhr, wurde die felsige Landspitze an der Hafeneinfahrt von Veli Lošinj 'Kap Leva' benannt.

Doch die Jahrhundertwende zum 20. Jahrhundert bracht den Niedergang der Segelschifffahrt mit sich. Was aus dieser Zeit blieb, sind die großen und schönen Häuser der Kapitäne und Schiffseigner, mit ihren Gärten, in denen Pflanzen aus aller Welt wachsen.

Die Zeit der Schifffahrt von Lošinj gehörte der Vergangenheit an – die Zukunft hieß Tourismus, die durch den Lošinjer Meteorologe und Biologe Ambroz Haračić in den 1880er Jahren eingeleitet wurde. Dank seiner Untersuchungen über das gesundheitsfördernde Klima von Lošinj mit seinen 300 Sonnentagen hatte das Gesundheitsministerium des österreichischen Kaiserreiches die Insel als 'Kurinsel' ausgewiesen. Die 'Gesellschaft zur Aufforstung und Verschönerung', die unter Ambroz Haračić im April 1886 gegründet wurde, ließ rund um Veli Lošinj und Mali Lošinj Pinien pflanzen. So entstanden große, schattenspendende und durchaus imposante Waldflächen, die man beinahe schon als 'Wahrzeichen' der Insel bezeichnen kann.

Dass selbst Erzherzog Karl Stephan 1885 eine ehemalige Kapitänsvilla bei Veli Lošinj kaufte und viel Zeit auf der Insel verbrachte und auch Kronprinz Rudolf 1887 die Insel besuchte, kam der Entwicklung der 'Tourismusindustrie' sehr zugute. Schon damals orientierte man sich gerne an den 'Promis'. Zur selben Zeit entstand auch der Vorläufer des heutigen Tourismusverbands, und 1888 erschien in Wien ein erster Reiseführer über Lošinj. Damals hatte Veli Lošinj ungefähr 2000 Einwohner, mehr als doppelt so viele wie heute.

1890 ließ Erzherzog Karl Stephan im Ortsteil Podjavori ein Schloss mit einer großen Parkanlage bauen. Erzherzog Franz Ferdinand erholte sich dort 1895 sechs Wochen lang von einer Tuberkuloseerkrankung, und auch Kaiser Franz Joseph war ein häufiger Gast. Und natürlich waren sie nie alleine unterwegs, sondern hatten adelige Begleiter und Bedienstete bei sich. So brachten sie Geld auf die Insel und trugen zum Wohlstand bei.

Heute gehört Veli Lošinj verwaltungsmäßig zu Mali Lošinj. Die neunhundert Einwohner des Ortes leben vor allem vom Tourismus, und es dümpeln nur noch kleine Boote von Fischern und Privatpersonen im Innenhafen. Im Außenhafen gehen die größeren Segeljachten vor Anker.

Parken in Veli Lošinj

In Veli Lošinj gibt es aufgrund der Baustruktur des Ortes kaum Parkmöglichkeiten. Mit etwas Glück findet man auf dem freien Platz unter Pinien am Ortseingang einen Parkplatz. Um in den Ort zu kommen, überquert man nach dem Parken die Straße und geht immer bergab.

Es gibt auch einen zentralen Parkplatz, dort kann man ein Tagesticket kaufen. Folgt man der Straße, gelangt man automatisch hin. Um zum Hafen zu kommen, geht man wieder zurück und am Zebrastreifen rechts durch die Absperrung auf die Gasse, die zur 'Gospe Od Andjela' führt (Kirche der Engelsmadonna / siehe unten). An der Kirche vorbei, und geradeaus weiter bergab.

Ist man in der Umgebung von Veli Lošinj untergekommen, fährt man am besten mit dem Rad nach Veli Lošinj. In Mali Lošinj an der Gabelung am Ortsende die linke Straße nehmen (das ist die alte Autostraße). Mit dem Auto fährt man hier besser rechts und nimmt am Kreisverkehr die zweite Ausfahrt. Oder man geht zu Fuß etwa vier Kilometer an der Uferpromenade 'Lungo Mare' entlang.

Die Sehenswürdigkeiten von Veli Lošinj

Gemeindekirche des Heiligen Antonius

Mit ihrem freistehenden Campanile erhebt sich die Barockkirche des Heiligen Antonius gleich neben dem Hafen. In den Jahren 1767 bis 1774 wurde sie anstelle einer Vorgängerkirche aus dem Jahr 1510 nach Plänen des venezianischen Architekten Berengo erbaut.

Mit ihren sieben barocken Altären, einer Sammlung von Gemälden, Schnitzereien und Skulpturen gilt sie als die am reichsten ausgestattete Kirche der gesamten Kvarner Inseln. Das dankt sie der Tatsache, dass sie eine Zeitlang Kathedrale des letzten Bischofs von Osor war. Die Stuckwerke stammen vom Schweizer

Meister Clemente Somazzi, die Orgel kommt aus der Werkstatt des bekannten venezianischen Orgelbauers Gaetano Callido.

Besonders hervorzuheben sind zwei Kunstschätze der Kirche. Ein Renaissancegemälde des Malers Bartolomeo Vivarini aus dem Jahr 1475 mit dem Titel 'Maria mit Kind und Heiligen', sowie ein von Gasparo Albertini künstlerisch gestaltetes Sakramentshaus (Tabernakel) mit einem Relief, auf dem das 'Abendmahl in Emmaus' abgebildet ist. Der Hintergrund des Reliefs zeigt eine Stadtansicht von Lošinj im 18. Jahrhundert.

Aussichtspunkt an der Maria-Verkündigungs-Kapelle

Diesen kleinen Spaziergang sollten Sie keinesfalls versäumen. Sie gehen oben an der Kirche des Heiligen Antonius vorbei (also nicht direkt unten am Hafenbecken, sondern die Treppen hinauf) und folgen dem Weg durch den Park bis zur Maria-Verkündigungs-Kapelle. Von unterwegs und der Kapelle selbst können Sie einen traumhaften Ausblick genießen.

Gehen Sie am Eingang zur Kapelle vorbei, kommen Sie zum Leuchtturm am Kap Leva und zur ehemaligen Wettersäule, von der allerdings nur noch der Sockel zu sehen ist. Sie wurde dort im Juni 1888 aufgestellt, damit sich die immer zahlreicher werdenden Kurgäste über die Wetterbedingungen informieren konnten.

Wieder zurück und nach der Kapelle links, führt Sie der Weg zu einem kleinen Friedhof hoch über dem Meer. Auch er bietet einen weiten Ausblick.

Der Uskokenturm

Der Verteidigungsturm, der heute mitten im Zentrum von Veli Lošinj steht und das Wahrzeichen von Veli Lošinj ist (er ziert sogar das Wappen der Stadt), diente den Bewohnern als Schutz vor Überfällen der Uskoken. Anders als Piraten waren Uskoken 'militärisch organisierte' Gesetzlose und Plünderer. Bei dem Turm handelt es sich um einen typischen freistehenden (also nicht in eine Mauer integrierten) 'vorgelagerten Batterieturm' der Renaissance. Solche Geschütztürme wurden nach Aufkommen der Feuerwaffen gebaut. Sie haben dicken Mauern, schmale Schießscharten und wirken gedrungen. Der Turm von Lošinj hat nur eine Höhe von 17 Metern. Im 15. Jahrhundert unter venezianischer Herrschaft errichtet, zählte er zu einer Verteidigungslinie, die zum Schutz der Inseln Cres und Lošinj aufgebaut werden sollte – ein Projekt, das nie ganz fertiggestellt wurde.

1774 fand eine erste Restaurierung des Turmes statt. Dabei wurde die einstige Form seines Zinnenkranzes verändert. Durch die nach außen gebaute Konstruktion konnten Angreifer leichter geschlagen werden. Doch bereits zu Beginn des 19. Jahrhunderts verlor der Turm seine militärische Bedeutung, worauf er nicht mehr unterhalten wurde und zunehmend verfiel. 1911 veranlasste die Zentralkommission zur Erforschung und Erhaltung der Baudenkmale in Wien eine zweite Restaurierung – allerdings nur der Außenmauern, im Inneren schritt der Verfall fort. In den Jahren 1997 bis 2000 hat man ihn schließlich generalüberholt und gleichzeitig ein Konzept für die Gestaltung eines Museums und einer Galerie erarbeitet.

Gezeigt werden im Museum auf 167 Quadratmetern und über mehrere Etagen verteilt eine ständige Ausstellung zur Geschichte der Stadt und der Schifffahrt sowie ein Replikat des 'kroatischen Apoxyomenos', der 1999 ganz in der Nähe auf dem Meeresgrund zwischen den Inseln Veli Orjule und Lošinj gefunden wurde.

Tipp: *Diese besondere und äußerst wertvolle Bronzestatue aus dem 4. Bis 3. Jahrhundert vor unserer Zeitrechnung wird weiter oben im Artikel 'Museum des Apoxyomenos' in Mali Lošinj ausführlich beschrieben.*

Die Exponate des Museums sind in kroatischer und englischer Sprache beschrieben. Über Fund und die Restaurierung der Statue wird ein interessanter Film gezeigt.

In der Galerie im 3. Stock kann man wechselnde Kunstausstellungen kroatischer und internationaler Künstler sehen, und von der Brustwehr des Turms hat man einen weiten Rundblick über die Stadt und die Bucht.

Rovenska - Fischereihafen

Der kleine Fischerhafen Rovenska befindet sich vom Zentrum Veli Lošinjs aus gesehen fünfhundert Meter weiter südlich in der Nachbarbucht. Sie kommen hin, wenn Sie am Ende des Hafens an dem Fahnenmast vorbeigehen (er stammt aus dem Jahr 1808!) und dann am lachsfarbenen, halbrunden Haus in die linke Gasse einbiegen.

Rovenska mit seinen kleinen Gässchen ist weniger überlaufen. Der Ort hat sich seinen ganz eigenen Charme erhalten. Entlang des Hafenbeckens gibt es einige gemütliche Lokale, und auch die Strandkneipe bietet Leckeres zu günstigen Preisen.

Der imposante Wellenbrecher südlich vom Hafen wurde 1856 erbaut, um den Ort vor den heftigen Böen der Bora zu schützen.

Es gibt einige Strände, die zu Rovenska gehören. Der flachabfallende Kiesstrand gleich beim Ort ist für Kinder gut geeignet, und das ufernahe Waldstück bietet Schatten. Sanitäranlagen und Umkleidekabinen sind vorhanden. Doch Achtung - Badeschuhe nicht vergessen, denn dank des glasklaren Wassers gibt es rund um Veli Lošinj viele Seeigel!

Wer es noch etwas abgeschiedener will, kann am schönen Uferweg entlang weiterspazieren und kommt zu entlegeneren Buchten, an denen kaum noch Badegäste zu finden sind.

Tipp: *Mieten Sie sich im Hafen von Veli für wenig Geld ein Rad, so gelangen Sie schnell zu diesen 'Traumstränden', an denen Sie schon fast alleine sind.*

Naturpark Podjavori

Diesen Park, in dem man mehr als zweihundert botanische Arten findet, ließ Erzherzog Karl Stephan von Habsburg rund um seine Winterresidenz anlegen. Heute befindet sich in dem Haus eine Kureinrichtung zur Behandlung von allergischen Erkrankungen der Atmungsorgane und der Haut. Park und Sanatorium liegen auf dem Berg westlich von Veli Lošinj. Weitere Villen aus österreichischen Zeit sind unter anderem die Villa Podjavori (direkt an der Abzweigung zum Vitality Hotel Punta und dem öffentlichen Strandbad), die Ville Matilde, die Villa Wartsee oder die Villa Mozart (blaues Gebäude am Hafen vor der Kirche). Wie diese stehen viele der Villen direkt im Ortsgebiet. Sollten Sie einen Spaziergang durch die Gassen unternehmen, achten Sie darauf.

Wie Sie zur Villa des Erzherzogs bzw. zum Sanatorium kommen, entnehmen Sie dem folgenden nun Artikel.

Kirchen Sv. Ivan Krstitelja (Baptist) und Kirche der Engelsmadonna

Die kleine Kirche des Heiligen Johannes (Sv. Ivan) stammt aus dem Jahr 1755. Ein Adeliger namens Antonio Sforzina ließ sie im Zuge eines Kreuzweges erbauen, der damals eingerichtet wurde. Sie befindet sich in 234 Metern Höhe auf dem Gipfel des Kalvarija-Hügels. Den Weg von Veli bis zur Kirche hinauf säumten drei einfache Kapellen und etliche Holzkreuze. Bei der Kirche sind die Überreste einer einfachen Steinhütte erhalten, die als Eremitenquartier diente. Ein Spaziergang zur Kirche lohnt sich vor allem wegen des phantastischen Rundblicks auf das Meer zu beiden Seiten der Insel, den man von dort oben hat. Im Schatten unter einem Baum befindet sich eine Picknickbank mit Tisch. Vom Hafen aus geht man die 1700 Meter in etwa 50 Minuten.

Sie kommen hin, wenn Sie am Ende des Hafens an dem Fahnenmast vorbeigehen (er stammt aus dem Jahr 1808!) und dann am lachsfarbenen, halbrunden Haus in die rechte Gasse einbiegen. Nun immer bergauf.

Nach zweihundert Metern erreichen Sie die Kirche der Engelsmadonna aus dem 16. Jahrhundert. Zu erkennen ist sie Sie an der Marienstatue auf dem First. Sie ist reich bestückt mit Votivgaben der Kapitäne und Seeleute aus dem 16. und 17. Jahrhundert. Sollten Sie Interesse an einer Besichtigung haben, rufen Sie vorher an. Tel. +385 51-236132, 231547 oder 236352

Gehen Sie an der Kirche vorbei und weiter bergauf. Über die Straße, danach an allen Gabelungen rechts halten. Sie kommen zum Palais Petrina, zur Kirche des Heiligen Petrus, gehen am Sanatorium vorbei und gelangen schließlich zur Kirche des Heiligen Johannes des Täufers auf dem Gipfel.

Galerie Nenad Levinger

Nenad Levinger war ein jugoslawischer bzw. kroatischer Maler und Zeichner. Er wurde am 12. Juni 1947 in der Nähe von Zagreb als drittes Kind eines Apothekers und seiner Frau geboren und starb am 7. Juni 2008 in Veli Lošinj, wo er seit seinem 14. Lebensjahr mit Unterbrechungen lebte. Seit 1962 stellte er regelmäßig seine Bilder aus - nicht nur in Kroatien, sondern auch in Italien, Deutschland, Österreich, Polen und den USA. 1975 heiratete er Blaženka Herceg und bekam einen Sohn mit ihr. Vier Jahre später eröffnete er in seinem Privathaus eine Galerie. Eine Sammlung seiner Bilder wird seither dort ausgestellt.

Er malte mit Aquarellfarben, Bleistift, Kreide, Rötel, Farbstifte und Tusche. Seine jüngeren Werke sind vor allem vom Leben auf der Insel geprägt. Porträts von auf der Insel lebenden Menschen, Selbstportraits, die Natur auf der Insel, christliche Motive, erotische Szenen und Stillleben zählten zu seinen Motiven. Während des Kroatienkriegs hat der Künstler eine Zeitlang nicht mehr gemalt. Danach entstanden einige abstrakte Bilder.

Galerie Nenad Levinger, Garina 5 (in der Nähe der 'Blauen Welt').

Meeres-Schutzzentrum 'Blaue Welt'

In den 1980er Jahren begannen sich Meeresforscher mit der Delfinpopulation in der Adria zu beschäftigen, im Jahr 1999 schließlich wurde in Veli Lošinj das Institut für Meeresforschung und -schutz 'Plavi Svijet' (Blaue Welt) gegründet. Die Organisation widmet sich der Erforschung des Meeres und Erarbeitung von Schutzmaßnahmen für das Ökosystem und der gefährdeten Arten. Während der Sommermonate begleiten internationale Freiwillige diese Forschungsarbeit.

Der 'Große Tümmler' ist die einzige Art, die heute noch in dieser Gegend heimisch ist. Man kennt ihn aus der Fernsehserie 'Flipper'. Auf Kroatisch heißt er Dobri Dupin - Guter Delfin. Die Tümmler halten sich das ganze Jahr über in der Nähe der kroatischen Küste auf, höchstens fünf Kilometer vom Land entfernt. Ihr Bestand wird inzwischen auf nicht mehr als 180 Tiere geschätzt - einst waren es Tausende! Die Verschmutzung des Wassers, Beifang-Tod in Fischernetzen (sie ertrinken kläglich), verschluckte Plastikteile und sogar direkte Tötung durch Harpunen oder Schrotgewehre setzen ihrer Population weiter zu.

Besucher des Zentrums werden mit Hilfe von Filmen, Bildern und Texten fachkundig über das Leben der Meeressäuger informiert. Spezielle Angebote für Kinder erweitern das Programm. Auch Delfin-Watching per Boot unter fachkundiger Begleitung wird angeboten und so durchgeführt, dass es für die Delfine keine Belastung darstellt. Die Chance, dabei eine Schule von Delphinen zu sehen, ist relativ groß. Die Einführung im Institut wird auf Englisch gehalten.

Gut zu wissen: *Wer sich in besonderem Maße für den Schutz der Delphine einsetzen will, kann einen Delfin 'adoptieren'.*

Die 'Blaue Welt' finden Sie auf dem Platz, wo sich der Hafen zum Meer hin öffnet. Es ist das blaue Haus mit der Treppe.

Adresse: O.M.T. 17 / Veli Lošinj Tel.: +385 (0)51 236 256 / +385 51 520 209

info@island-Lošinj.com

Ćunski

Dieser Ort liegt nördlich von Mali Lošinj direkt an der N 100. Er entstand an Stelle einer ehemaligen liburnischen Festung. Fährt man von Cres nach Lošinj, sieht man die Pfarrkirche aus dem 16. Jahrhundert, die dem Heiligen Nikolaus geweiht ist, hoch droben auf ihrem Hügel meist von schneeweißen Wolkenpompons umgeben.

Einen Besuch wert ist die einzige erhaltene historische Ölmühle auf Lošinj, im einheimischen Dialekt 'Torać' genannt. Sie stammt aus dem Jahr 1897, und kann während der Sommermonate besichtigt werden. Manchmal werden zur Demonstration noch Oliven gemahlen.

Reste der Fliehburg Polanža aus der Bronzezeit befinden sich nahe der Ortschaft in 212 Metern Höhe auf dem Gipfel des Panorama-Hügels.

Nerezine

Zwischen Osor und Mali Lošinj liegt am Fuß des O-sorscica-Gebirgszuges der kleine Ort Nerezine. Ehemals standen hier nur ein paar verstreute Häuser, zumeist Unterkünfte für Schäfer und Bauern, die von der Obrigkeit herbeordert worden waren, um die anwachsende Bevölkerung Osors mit Nahrungsmitteln zu versorgen. Daran erinnert auch noch der Name des Ortes – nerez bedeutet unbearbeitetes, urwüchsiges Land. Erst durch die Entwicklung des Schiffsbaus wuchsen diese Gehöfte zu einem Ort zusammen, und es wurde ein kleiner Hafen angelegt und eine Werft gegründet. Letztere besteht bis heute und ist die einzige an der Adria, in der noch Holzschiffe gebaut und gewartet werden. Mit etwas Glück kann man ein historisches Holzschiff bestaunen, das gerade in der Werft gewartet wird.

Zu seiner Blütezeit hatte Nerezine bis zu 2.000 Einwohner, so viel wie zur selben Zeit in Veli Lošinj lebten. Doch heute wohnen hier keine 400 Menschen mehr.

Die beiden Marinas, die Werft, das Kastell und das Franziskanerkloster mit Kirche bestimmen das Ortsbild. Der malerische Hauptplatz trägt den Namen Studenac, was Brunnen bedeutet - denn unter dem Platz werden alle unterirdischen Zuflüsse aus dem Gebirge gefasst, die die Ansässigen von jeher mit Trinkwasser versorgen. Er ist von Bäumen, Bänken, Cafés und Konobas umgeben, die zum Verweilen einladen. In der warmen Jahreszeit finden auf ihm traditionelle Feste statt, wie zum Beispiel Anfang Mai das Frühlingsfest 'Muaj'.

Die Gemeindekirche, sie ist der 'Mutter Gottes der Gesundheit' geweiht, befindet sich etwas erhöht am Rande des Studenac-Platzes. Sie wurde in den Jahren 1875 bis 1877 erbaut, nachdem die ursprüngliche Pfarrkirche aus dem Jahr 1543 (Kirche der Hl. Maria

Magdalena) für die wachsende Bevölkerung Nere-
zines zu klein geworden war.

Auch an den zwei kleinen Häfen gibt es einige Lokale,
die köstliche Fischgerichte und Anderes anbieten.
Bis vierzig Yachten finden hier Platz, und in der Werft
können Boote bis zu fünfzehn Metern Länge repariert oder gewartet werden. Wer auf die Schiffspas-
sage durch den Kanal von Osor warten muss, weil die
Drehbrücke dort nur um 9 Uhr morgens und 17 Uhr
nachmittags geöffnet wird, kann sich in Nerezine die
Zeit gut vertreiben.

Die Umgebung des Orts bietet dazu ebenfalls Gelegenheit. Auf dem Bergmassiv des Osorscica Gebirgs-
zuges, das vor der Tür liegt, finden sich schöne Wan-
dertouren mit großartigem Panoramablick, eine
Vielzahl von Buchten laden zum Baden und Riffe zum
Tauchen ein.

Auf den Hügeln im Nordwesten der Stadt (Nereziner
Feld), steht die Ruine des Kastell Klaric (15. Jahrhun-
dert). Hier hat auch ein dreistöckiger, quadratischer
Wehrturm aus dem 16. Jahrhundert die Zeit über-
dauert. Kolana Draže, Oberhaupt einer mächtigen
Patrizierfamilie aus Osor, ließ das Kastell und auch

den Turm erbauen, der als Zufluchtsort für seine Familie und die Dorfbewohner gedacht war, um sie vor den ständigen Angriffen der Uskoken und Piraten schützen zu können. Auch die Ruinen einer Kirche aus dem 12. Jahrhundert und Spuren einiger römischer Gehöfte kann man auf dem Nereziner Feld entdecken.

Das Kloster des heiligen Franziskus von Nerezine, in dem seit mehr als fünfhundert Jahren Franziskanerbrüder leben und arbeiten, hat eine einschiffige Kirche und einen schönen Kreuzgang. Es wurde ebenfalls von Kolana Draže gestiftet. So geschehen im Jahr 1510. Der dreistöckige Glockenturm im Renaissancestil mit seinen Zwillingsfenstern (Biforien) kam im Jahre 1600 hinzu.

In der Klosterkirche findet man einige sehenswerte Bilder. Darunter das Gemälde auf dem Hauptaltar aus dem 16. Jahrhundert, das den Heiligen Franziskus im Gebet darstellt und eine Ikone aus dem späten 15. Jahrhundert, auf der die Muttergottes mit dem Kind zu sehen ist. In der linken Kapelle befindet sich eine im gotischen Renaissancestil geschaffene Statue der Muttergottes mit Kind aus dem 17. Jahrhundert.

Am 13. Juni und am 4. Oktober werden mit einer feierlichen Prozession der Tag des Hl. Antonius von Padua und der Tag des Hl. Franziskus von Assisi gefeiert.

Anmeldung zur Besichtigung und Info: Tel. +385 51 237123 oder 231547

Folgende Strände gibt es in Nerezine: Der Strand Gabolka wird von einem Kiefernwald gesäumt, der Schatten bietet. Er ist nur 500 Meter vom Zentrum entfernt. Nur einen Kilometer geht man vom Zentrum zum Strand Ridimutak. Der dritte Strand des Ortes ist der Kiesstrand von Lopari, der am gleichnamigen Campingplatz liegt. Auch er bietet dank des nahegelegenen Kiefernwaldes Schatten.

Campingplatz Lopari

Er befindet sich zwischen Osor (zwei Kilometer entfernt) und Nerezine (drei Kilometer entfernt). Durch das Camp verlaufenden viele historische Trockenmauern, die dem Campingplatz ein besonderes Flair geben. Das Meer mit seinem Kiesstrand ist 800 Meter entfernt.

Der Campingplatz vermietet Stellplätze für Camper, Zeltplätze und Mobilwohnheime. Es gibt Behindertentoiletten, einen Kinderspielplatz, ein Beachvolleyball-Feld, eine eigene Surfschule und einen Boots- und Fahrradverleih. Wer nicht kochen will, kann im 'Restaurant Lopari' zum Essen gehen. Haustiere sind erlaubt.

Adresse: Nerezine bb (siehe auch Webseite).

Wandern auf Lošinj

Dies ist ein Reise- und kein Wanderführer. Wir stellen Ihnen trotzdem die wichtigsten Wanderrouten vor, damit Sie sich ein Bild machen können. Unsere Kilometerangaben sind nur geschätzt, um Ihnen einen Anhaltspunkt zu geben. Teilweise sind die Wege gut und teilweise schlecht markiert. Man ist immer angehalten, gut aufzupassen und eventuelle Umwege in Kauf zu nehmen. Wenn Sie sichergehen wollen, besorgen Sie sich bei einer Touristeninfo eine Wanderkarte. Es gibt eine Kroatische im Maßstab 1:25 000 und verschiedene einfache Karten für Touristen mit eingetragenen Wander- und Spazierwegen.

Wege auf dem Bergmassiv des Osorscica Gebirgszuges

Gut zu wissen: *Auf dem Osorscica-Gebirgszug werden für Freikletterer dreißig Richtungen der Schwierigkeitsstufe 4c – 8 auf einer maximalen Länge von dreißig Metern angeboten.*

Nerezine - Gipfel Sveti Mikul – Gipfel Televrin - Höhle des Hl. Gaudentius - Hütte des Gautentius

Die höchsten Punkte dieses Kammes und auf der Insel Lošinj generell sind die Berge Sv. Mikul mit 558 Metern und Televrina mit 588 Metern. Von ihren Gipfeln hat man einen grandiosen Ausblick bis Veli Lošinj und auf die gesamte Inselwelt der Kvarner Bucht!

Wie ein Gipfel-Foto aus dem Jahr 1887 beweist, auf dem Rudolf von Habsburg mit einem ganzen Tross von Bediensteten zu sehen ist, hat auch der österreichisch-ungarische Thronfolger den Berg Televrin bestiegen. Ein heute gut markierter Wanderweg wurde vom damaligen Fremdenverkehrsverein eigens für ihn angelegt, damit er bequem hinaufwandern konnte. Er war dort auf Geierjagd, was heute zum Glück verboten ist.

Die Tour beginnt mit einem sanften Anstieg durch freies Gelände, wird aber bald steil. Zuerst wird der Weg von hohen Trockenmauern und Olivenhainen gesäumt, später spenden Kiefern- und Eichenwälder Schatten. Etwa zwei Stunden geht man bis zur Kapelle Sveti Nikola, die auf dem Gipfel Sveti Mikul steht. Oben angekommen lädt ein Platz mit Wind- und Sonnenschutz zur Rast ein. Hier findet jedes Jahr am Tag der Heiligen Anna (26.07.) die heilige Messe statt.

Wer zum Gipfel Televrin (bei den Kroaten heißt er Osorscica) weiterwandern möchte, ist noch einmal etwa eine halbe Stunde unterwegs. Auf diesem letzten Abschnitt ist der Weg nicht mehr so gut ausgezeichnet und führt teilweise über Geröll.

Tipp: *Der Aufstieg erfordert gutes Schuhwerk und einige Ausdauer. Obwohl der Berg bewaldet ist, sollte man im Sommer sehr früh aufbrechen, denn es wird bald heiß.* Kopfbedeckung, Sonnenschutz und ausreichend Wasser nicht vergessen! Wenn die Bora stürmt oder Gewitter angesagt ist, muss man die Berge meiden.

Oben angekommen kann man entweder wieder zurückgehen oder zur Höhle des Heiligen Gaudentius weiterwandern, die östlich des Gipfels liegt. Auf dem Wegweiser steht 'Jama Sv. Gaudent'. Die letzten Meter zur Höhle geht es steil bergab. Der Eingang ist nur etwa einen dreiviertel Meter hoch und leicht zu übersehen. Er ist mit einem roten Kreis um einen weißen Punkt markiert. In der etwa vier Quadratmeter großen Höhle, in der der ehemalige Bischof Gaudentius von Osor sein Einsiedlerleben geführt hat, kann man sich kaum aufrecht fortbewegen, denn sie hat nur eine Höhe von eineinhalb Metern. Wie die Legende behauptet, hat der Heilige Gaudentius an diesem Ort die Inseln von Giftschlangen befreit. Es heißt auch, dass ein Stein aus der Höhle, wenn man ihn bei sich trägt, allerorts gegen Giftschlangen schützt.

Um von der Höhle nach Nerezine zurückzukommen, geht man den Weg wie gekommen zurück. Will man die Wanderung aber noch weiter ausdehnen, folgt man dem Weg Richtung Norden zum Gipfel Križica, der auf 343 Metern Höhe liegt (es geht also bergab). Dort biegt der Weg rechts nach Osor (Richtung Osten) und etwa drei Kilometer später wieder nach rechts (Richtung Nerezine) ab. Oder man geht über

Mali Tržić bis Osor weiter und nimmt dort den Bus nach Nerezine. Er fährt bis zu siebenmal am Tag. Die früheste Abfahrt aus ist um 09:15 Uhr, die späteste Abfahrt um etwa 19:45.

Tipp: *Auf dem ganzen Bergmassiv gibt es nur eine einzige bewirtschaftete Hütte – die Berghütte des Gaudentius. Sie liegt allerdings weit von der Höhle entfernt. Geht man vom Gipfel Televrin weiter zum Gipfel Križica und bleibt dann auf dem Weg Richtung Norden, kommt man hin. Von dort kann man nach Osor gehen und dann eventuell mit dem Bus nach Nerezine fahren. Die Hütte ist von April bis einschließlich September täglich geöffnet. Vom Oktober bis März nur an den Wochenenden. Es fehlt nicht an 'Hüttenzauber'. Der Wirt kocht auch, und man hat einen weiten Blick aufs Festland.*

Von Nerezine bis zur Höhle de Gaudentius geht man etwa vier Kilometer. Von Nerezine bis zur Hütte sind es etwa zehn Kilometer. Von der Hütte nach Osor etwa fünf Kilometer.

Nerezine - Halmac – Mali Tržić

Geht man auf dem Wanderweg von Nerezine nach Osor, kommt man zuerst am Nereziner Feld mit den Ruinen der Burg und des Turmes vorbei, dann zum Dorf Halmac und stößt nach etwa vier Kilometern auf einen anderen Wanderweg. Hier geht man links bzw. geradeaus zum Gipfel Križica, der auf 343 Metern Höhe liegt. Biegt man nach rechts ab, kommt man zum verlassenen Dorf Mali Tržić, in dem vermutlich der Heilige Gaudentius geboren wurde. Die beiden benachbarten Dörfer Mali Tržić und Veli Tržić, die Mitte des letzten Jahrhunderts verlassen wurden, haben ihren Ursprung vermutlich zu Beginn des 11. Jahrhunderts. Geht man von Tržić den Weg weiter, gelangt man nach Osor.

In Osor kann man den Bus nach Nerezine nehmen. Er fährt bis zu siebenmal am Tag. Die früheste Abfahrt ist um 09:15 Uhr, die späteste Abfahrt um etwa 19:45. Oder man kehrt in Tržić um und wandert wieder zurück. Der Weg von Nerezine über Mali Tržić bis Osor beträgt etwa sechs Kilometer. Kehrt man in Mali Tržić um, geht man insgesamt etwa neun Kilometer.

Ab Nerezine zur Höhle Vela Jama

Eine weitere interessante Höhle am Osorgdica ist die Vela Jama. Sie misst an ihrer längsten Stelle etwa vierzig Meter und liegt auf der Westseite unter dem Televrinagipfel. Archäologen entdeckten in ihr Spuren menschlicher Besiedelung, die bis 10000 Jahre zurückreichen.

Um sie zu finden, geht man von Nerezine aus zum Gipfel Počivalice! Er liegt in 246 Meter Höhe. Dort muss man geradeaus über den Bergkamm, um auf die westliche Seite zu kommen. Würde man an dieser Stelle rechts abbiegen, ginge es zum Gipfel Sv. Mikul. Wenn sich der Weg dann gabelt (geradeaus führt er zum Meer hinunter) geht man rechts und kommt so zur Höhle. Im Gegensatz zur Jama Sv. Gaudent ist ihr Eingang groß und kaum zu übersehen. Man geht etwa fünf Kilometer.

Ab Osor zur Höhle Jama oder zur Höhle des Heiligen Gaudentius

Will man von Osor aus zu einer der beiden Höhlen, startet man beim Campingplatz 'Preko mosta' und geht zum Gipfel Križica. Am Gipfel links zum Gipfel Televrina. Will man nun zur Höhle Vela Jama, biegt man gut einem Kilometer nach der Abzweigung auf einen Weg nach rechts ab. Will man aber zum Jama sv. Gaudentius bleibt man erst einmal auf dem Weg und biegt nach etwa drei Kilometern links ab. Um nach Osor zurückzukommen, kann man entweder umkehren, oder man wandert bis Nerezine und nimmt dort den Bus nach Osor, der siebenmal am Tag fährt. Man kann natürlich von Nerezine aus auch nach Osor gehen. Ein Wanderweg verläuft links der N 100 über Halmac.

Wandern im Süden der Insel

Natürlich gibt es nicht nur die Bergwanderungen auf dem Osorscica Gebirgszug, sondern auch viele angenehme Rundtouren in der Umgebung von Mali Lošinj und Veli Lošinj. Zum Beispiel den 'Delphinweg', der am Meer entlang von der Westküste über den Süden zur Ostküste bzw. umgekehrt führt und so heißt, weil man hier mit etwas Glück tatsächlich Delphine sehen kann. Startet man an der Brücke am Kanal bei der Werft von Mali Lošinj Richtung Süden, umrunden dort das Ende der Insel und geht auf der anderen Seite wieder zurück, kann man den gesamten Südteil von Lošinj umwandern. Ist einem das zu weit, kürzt man quer über die Insel ab, denn es führen immer wieder Wege von einem Ufer hinüber zum anderen.

Eine andere besondere Wanderung ab Mali Lošinj oder Veli Lošinj führt zum Berg Umpiljak (Gipfel in 171 Metern Höhe) und weiter zum Berg Sv. Ivan (Gipfel in 231 Metern Höhe), auf dem eine gleichnamige Kapelle aus dem Jahr 1755 steht. Von hier hat man einen traumhaften Ausblick nach Veli Lošinj, Palacol und Oruda, und rechterhand die Inseln Male und Vele Orjule, bei der die Bronzestatue des kroatischen Apoxyomenos geborgen wurde. In der Ferne erblickt man die Inseln Pag und Rab, das Bergmassiv Velebit, und bei klarem Wetter kann man sogar die

Küstenlinie Italiens sehen. Von hier kann man umkehren oder weiter Richtung Süden zur Bucht Mrtvaška und dort auf den Delphinweg anschließen.

Es würde hier zu weit führen, alle Spazierwege genau zu beschreiben. In der Touristeninfo von Mali Lošinj gibt es diverses Kartenmaterial.

Die kleinen Schwesterninseln

Ausflug nach Susak, Unije oder Ilovik

Es gibt viele kleine Inseln rund um Lošinj. Drei davon sind bewohnt, und man kann sie besuchen. Sie sind aus Kalkstein und überwiegend mit Macchia und Olivenbäumen bewachsen. Der landwirtschaftliche Anbau ist ausschließlich für den Eigenbedarf, die Einwohner leben vom Tourismus und vom Fischfang. Autos gibt es nicht auf den Inseln, nur ein paar motorisierte Karren und kleine Traktoren, die den Menschen die Arbeit erleichtern.

Die Lokalfähre und der Katamaran fahren die Inseln während der Sommermonate von Mali Lošinj aus ein bis zweimal täglich an. Für einen Ausflug nach Ilovik im Süden steht auch ein Taxiboot zur Verfügung.

Insel Susak

Susak ist einzigartig unter den Adriainseln, denn dort gibt es ausschließlich Sandstrände, was ihr den Beinamen 'Sandinsel' verleiht. Eine andere Attraktion ist die Volkstracht der Frauen. Zu meist knallroten

Strümpfen tragen sie kurze Röcke auf Petticoats, die ein wenig an die Tutus der Ballerinas erinnern.

Susak ist 3,7 Quadratkilometer groß und kann leicht zu Fuß umrundet werden. Auf dem 'Gipfel Garba', befindet sich ein Leuchtturm. An derselben Stelle existierte bereits vor Urzeiten eine Befestigungsanlage und später einen militärischen Beobachtungsposten.

In den zwei Orten der Insel, die dicht beieinanderliegen, findet man einige Konobas und Cafés, zwei Läden, eine Touristenifo, ein Hafenamt, eine Arztpraxis und eine Poststation, bei der man auch Geld abheben kann. Gornje Selo (oberes Dorf) ist älter und wurde im 11. Jahrhundert auf einem Hügel nahe am Meer um das Benediktinerinnenkloster des Hl. Nikolaus errichtet, von dem nur der Garten zugänglich ist. Die erhöhte Lage gewährleistete eine bessere Verteidigung gegen Piraten und Uskoken. Später, als man keine Angst mehr vor Überfällen haben musste, siedelte man sich auch am Fuße des Hügels, direkt am Meer an und nannte den neuen Ort Donje Selo (unteres Dorf). Beide Orte sind durch 150 Stufen miteinander verbunden.

Um den Sand vor Winderosion zu schützen, hat man schon zu früheren Zeiten Schilf gepflanzt und auf den Hängen Wein angebaut, was der Insel ein grünes Kleid verleiht. Wie Lošinj erlebte auch Susak unter der Herrschaft der K. u. K. Monarchie einen wirtschaftlichen Aufschwung, nachdem die Insel zum Kurort erklärt wurde. Eine Fischfabrik und etliche Weinkellereien wurden errichtet, von denen heute nur noch die Kellerei Cosulich existiert und einen guten, inseleigenen Wein keltert, den man in der Konoba Barbara trinken kann. Die Kellerei kann besichtigt werden.

Die Pfarrkirche in Gornje Selo, die dem heiligen Nikolaus geweiht ist, stammt aus dem 11. Jahrhundert und wurde 1770 erneuert. Das große Kruzifix im Inneren der Kirche aus dem 12. Jahrhundert nennen die Einheimischen 'Veli Buoh' (großer Gott). Einer Legende zufolge wurde es angespült und dann in die Kirche gebracht. Die Tür hat man, so heißt es, niemals verändert, trotzdem passt das Kreuz nun nicht mehr hindurch und kann darum auch nicht mehr aus der Kirche gebracht werden.

Zu den wichtigsten Festen der Insel zählt das 'Fest der Auswanderer', das seit 1985 am letzten Sonntag im Juli gefeiert wird. Zu diesem Fest besuchen alle Emigranten, die von Susak stammen, ihre alte Heimat. Die meisten dieser rund 2500 Menschen verließen die Insel in den sechziger Jahren des letzten Jahrhunderts und leben heute in den USA, im Bundesstaat New Jersey. Der Tag wird mit verschiedenen Musik-, Tanz- und Sportveranstaltungen begangen.

'Merine', der Friedhof von Susak, gilt als der schönste Friedhof des Archipels. Er liegt auf dem höchsten Punkt der Insel, und man hat von ihm einen phantastischen Ausblick. Viele der Menschen, die ausgewandert sind, lassen sich dort begraben. Die Gräber, die eine Kapelle umgeben, werden mit großer Liebe gestaltet und gepflegt. Interessant ist, dass man nur einige wenige Familiennamen findet. Um hinzukommen, muss man vom 'oberen Dorf' aus den Berg hinauf. Ein anderer Weg führt von der südlichen Ortsbucht hinauf.

Vor der Insel liegen zwei Wracks antiker Transportschiffe, die gerne von Tauchern besucht werden.

Täglich gibt es eine Schiffsverbindung nach Mali Lošinj und mit dem Katamaran nach Rijeka.

Insel Unije

Mit 16,8 Quadratmetern ist sie die größte der drei bewohnten Schwestern-Inseln. Im Süden gibt es Dünen, zur Mitte hin erheben sich sanfte, mit Macchia und Olivenbäumen bewachsene Hügel, im Nordwesten hat man steil abfallende Kalksteinklippen und im Osten neben kleineren auch drei schmale und sehr tief eingeschnittene Buchten. Die größte davon heißt 'Maracol-Bucht' und wird als Hafen genutzt, der gerne von Seglern angesteuert wird.

Der einzige Ort auf der Insel heißt ebenfalls Unije. Er liegt in einer weitläufigen Bucht an der Westküste und zählt rund achtzig Einwohner. Im Sommer kommen noch etwa hundert Feriengästen hinzu. Es gibt einige Gaststätten, einen Lebensmittelladen, ein Postamt, eine Touristeninformation und sogar ein kleines Flugfeld mit unbefestigter Landebahn. Von hier aus werden schulpflichtige Kinder mit einer Cessna nach Mali Lošinj zum Unterricht geflogen. Auch ein Bienenkunde-Institut für Genforschung an Zuchtbienen befindet sich auf der Insel.

Unije blickt auf eine reiche Geschichte zurück, die man auf Spaziergängen erkunden kann. Da sie den übrigen Inseln der Kvarner Bucht vorgelagert ist, eignete sie sich perfekt als Überwachungs- und Verteidigungsposten für den Seeweg. Die Ruinen der Burgen Turan, Malanderski und Kaštel sowie prähistorische Bestattungen sind Beweise für eine dauerhafte Besiedlung bereits in der Bronzezeit.

Gradina Turan liegt am südliche Ende der Insel in einer Höhe von 128 Metern, hat zwei Verteidigungswälle und ist in Trockenbau-Technik gebaut.

Gradina Malanderski befindet sich in 96 Metern Höhe auf dem höchsten Gipfel des nordöstlichen Teils der Insel. Von hier wurden die östliche Hälfte von Unije und der Kanal zwischen Unije und Lošinj überwacht, denn hier sind sich beide Inseln am nächsten.

Gradina Kaštel wurde in 82 Metern Höhe im zentralen Teil der Insel platziert und hatte vornehmlich wirtschaftlichen Charakter. Auch diese Burg hat man in Trockenbautechnik errichtet. Die Außenseite des Walls besteht aus Doppelmauern, die mit Kies und Sand gefüllt sind.

In der Umgebung dieser drei Burgen wurden nicht nur guterhaltenen Keramikreste gefunden, sondern in einer Mauer der Burg Kaštel auch ein in Stein gemeißelter Uroboros – eine Schlange, die einen Kreis bildet und sich in den Schwanz beißt. Dieses Symbol steht für Anfang und Ende, Geburt und Tod und die ewige Wiederkehr. Diese Funde lassen den Schluss zu, dass in der Bronzezeit Handwerk, Kunst und Handel auf der Insel stark entwickelt waren.

Ab der Zeit des Römischen Reiches spielte der Anbau von Oliven auf der Insel eine wichtige Rolle. Römische Veteranen, die mit ihren Familien auf Unije ein behagliches Leben führten, haben die ersten Olivenhaine angelegt und Reben gepflanzt, um Öl und Wein zu produzieren und auch damit zu handeln. Reste eines Gehöfts (Villa Rustica) kann man heute noch in der Bucht Vrulje entdecken, und auch in der Bucht von Mirišće befinden sich die Überreste einer römischen Villa Rustica aus dem 1. bis 4. Jahrhundert. Solche Höfe wurden entlang der Küste in der Nähe von Quellen gebaut, weil man Trinkwasser benötigte und über Segelschiffe mit der Bevölkerung der umliegenden Inseln in Kontakt bleiben wollte. Nur ein kleiner Teil der Höfe wurde bisher ausgegraben. Bekannt ist, dass die Ziegelsteine, aus denen sie gebaut wurden, nicht auf der Insel hergestellt, sondern an Land gekauft worden waren.

Auch ein Steintrog, der ein Volumen von 130 Litern umfasst und zur Lagerung von Olivenöl benutzt wurde, verweist auf die lange Tradition des Olivenanbaus auf der Insel. Er trägt eine glagolitische Inschrift aus dem Jahr 1654, die von einem Priester Namens Matij Brnić angefertigt wurde. Früher konnte man den Trog im Keller des Hauses mit der Nr. 194 besichtigen. Aufgrund eines Besitzerwechsels ist das inzwischen nicht mehr möglich.

Im Südwesten der Insel, dort wo das Land am fruchtbarsten ist, steht der ein wenig gedrungen wirkende Leuchtturm Vnetak, der 1873 zu Zeiten der österreichisch-ungarischen Herrschaft erbaut wurde. Im Herbst kann man dort manchmal Thunfische auf der Jagd nach Sardinen sehen, die sich zu der Zeit an dieser Landzunge tummeln.

Auch Kalmare gibt es rund um Unije reichlich – darauf weist die Lignjada hin, ein traditionelles Fest, an dem die Männer zwischen Mittag und 18 Uhr aufs Meer hinausfahren, um Kalmare zu fangen. Wieder zurück wird ermittelt, wer am meisten gefangen hat. Danach werden die Kalmare am Strand gekocht und gegrillt und gemeinsam bei Musik und guter Laune gegessen. Das Fest findet an einem Wochenende rund um den 30. November statt, dem Tag des Heiligen Andreas, des Schutzheiligen von Unije.

Das zweite große Fest der Insel ist, wie auch auf der Insel Susak (siehe oben), das Fest der Auswanderer. Es wird am 3. Samstag im Juli gefeiert.

Noch bis Mitte des letzten Jahrhunderts boten zwei Olivenmühlen und eine Fischfabrik den Anwohnern Arbeit. Heute leben die Insulaner hauptsächlich vom Tourismus und verfolgen ein ehrgeiziges Ziel: Unije soll die erste und vorläufig einzige Insel in der Adria werden, die sich mit Hilfe von Solarzellen und Entsalzungsanlagen energetisch selbst versorgen kann.

Insel Ilovik mit Sveti Petar

Im 11. Jahrhundert hieß die Insel noch Neumae, im 13. Jahrhundert wird sie als 'San Pietro dei Nembi' erwähnt. Als sich im 18. Jahrhundert die ersten kroatischen Einwanderer auf Ilovik niederließen, nannten sie die kleine Nachbarinsel Sveti Petar und die größere Tovarnjak. Daraus wurde schließlich Ilovik.

Die kleinere Nachbarinsel Sveti Petar, die zu Ilovik gehört, hat nur eineinhalb Quadratkilometer. Sie liegt nordöstlich, genau gegenüber der Ortschaft Ilovik in einer Entfernung von 250 Metern. Aus der Vogelperspektive betrachtet erinnert Sveti Petar an einen Fisch – vielleicht hat man das Eiland so genannt, weil der Heilige Petrus Fischer war?

Auf Sveti Petar finden sich die Überreste eines Benediktinerklosters aus dem 11. Jahrhundert und die Ruinen einer venezianischen Festung aus dem 16. Jahrhundert, von der nur noch der Turm und einige Mauern stehen. Vom Hafen der Insel Ilovik ist die Ruine gut zu sehen und bildet eine romantische Kulisse vor der Silhouette von Lošinj. Auch der Friedhof von Ilovik befindet sich auf Sveti Petar. Ähnlich wie in Venedig müssen darum die Verstorbenen ihre letzte Reise mit dem Boot zurücklegen.

Nachdem das Kastell und das Benediktinerkloster von den Engländern zerstört worden waren, schleiften die Einheimischen um 1900 die Abtei und ließen nur die Mauern stehen, die heute die Friedhofsmauer bilden. Später gründeten Franziskanermönche ein Kloster auf dem kleinen Eiland, das sie während der Sommermonate bewirtschaften. Ansonsten ist die Insel unbewohnt. Boote steuern Sveti Petar nicht an, wer kein eigenes besitzt, müsste sich übersetzen lassen. Beim Friedhof befinden sich Anlegeplätze.

Auf Ilovik selbst leben rund 100 Menschen. Die Insel ist 5,8 Quadratkilometer groß. Sie trägt den Beinamen Blumeninsel, weil vor den Häusern und in den Gärten prächtige Blumen, Palmen und sogar Eukalyptusbäume wachsen. Im Sommer und Frühherbst tummeln sich auf deren Blüten und Blättern zahllose bunte und teils beeindruckend große Schmetterlinge.

Im Ortszentrum des gleichnamigen Ortes Ilovik, die einzige Siedlung auf der Insel, steht die Pfarrkirche aus dem 19. Jahrhundert, die den Heiligen Petrus und Paulus geweiht ist. Hier treffen sich jedes Jahr am Tag des Heiligen Petrus (29.06.) die etwa 100 Inselbewohner, um gemeinsam zu tanzen und zu singen.

Auf Ilovik lebten einst illyrische Siedler und später auch Römer. Mauerreste, Gräber, Münzen und ein Sarkophag zeugen davon. Später bestellten Bauern aus Veli Lošinj das Land auf der Insel, um die stetig wachsende Bevölkerung von Cres zu versorgen. Die Andreaskirche in der Bucht Sicadrija wurde im 6. Jahrhundert erbaut. Ende des 18. Jahrhunderts wurde schließlich die gleichnamige Siedlung und im Jahr 1876 die erste Schule im gesamten Lošinjer Inselraum gegründet.

Zum Baden lädt die Bucht Przine mit ihrem feinen, weißen Sandstrand ein, der flach ins Meer abfällt, oder die Bucht Vela Draga mit ihren schattenspendenden Bäumen. Die Buchten im Westen der Insel sind Fels- und Kiesbuchten, aber nicht minder schön. Wer lieber spazieren geht, als am Strand zu liegen, findet viele schöne Wander- und Spazierwege auf I-lovik. Man sollte aber nicht versäumen, auf die 92 Meter hohe Erhebung 'Dida' hinaufwandern. Von dort hat man einen weiten Blick über den Kanal nach Sv. Petar oder Lošinj und zu den noch weiter südlich liegenden Inseln Silba und Premuda.

Man erreicht die Insel vom Parkplatz 'Uvala Mrtvaška' aus mit dem Taxiboot-Shuttle in 10 bis 15 Minuten, aber auch mit einer Schiffs- und Katamaranlinie von Mali Lošinj und sogar von Rijeka aus. Das Taxiboot kann sechs Leute mitnehmen. Ist es besetzt, muss man warten, bis es zurückkommt. Man kann das Boot alleine nutzen oder es sich mit anderen teilen, das verringert natürlich auch den Fahrpreis von um die 100 Kuna.

Zum Parkplatz 'Uvala Mrtvaška' fährt man mit dem Auto ab Mali Lošinj etwa eine halbe Stunde (11 Kilometer). Dort muss man den Wagen zurücklassen, denn Ilovik ist autofrei. Ein Fahrrad darf man mitnehmen.

So kommen Sie hin: *In Mali Lošinj am Kreisverkehr Richtung Campingplatz fahren. An der Ampel links zum Konsum abbiegen, daran vorbeifahren und auf dieser Straße bleiben, bis Sie auf eine andere Straße stoßen. Hier links. Nun immer auf geradeaus, bis es schließlich auf Serpentinen zum Meer hinuntergeht.*

Allgemeine Infos

Adressen der Touristeninfos

Man sieht auf Cres und Lošinj viele 'Tourist Agencies'. Das sind private Agenturen, die Zimmer oder Ausflüge vermitteln und auch Boots- oder Bustickets verkaufen, aber keine Auskünfte anderer Art geben. Hier die Adressen der offiziellen Touristeninfos.

Touristeninfo in Cres

befindet sich in Stadt Cres am Hafen - mit Blick aufs Meer links, fast am Ende der Mole.

Adresse: Cons 10, 51557, Cres, Kroatien
Tel.: +385 51 571 535

Touristeninfo in Mali Lošinj

Adresse: Priko 42, 51550 Mali Lošinj, Croatia
Tel: +385 51 231 884, +385 51 231 547, +385 98 924 22 99

Sie finden die Touristeninfo von Mali Lošinj am Hafen. Gehen Sie am Fischmarkt vorbei und an der Uferpromenade noch weiter Richtung Norden, dann kommen Sie kurz nach der vierten Hafenmole zur Touristeninfo.

Öffnungszeiten:
01.01. - 28.02.2018 - Werktags 08:00 bis 16:00 Uhr
01.03. - 01.04.2018 - Werktags 08:00 bis 16:00 Uhr, samstags 09:00 bis 13:00 Uhr
01.04. bis 01.10.2018 - Werktags, samstags und an Feiertagen 08:00 bis 20:00 Uhr, sonntags 09:00 bis 13:00 Uhr
01.10. bis 31.12.2018 - Werktags 08:00 bis 16:00 Uhr, samstags 09:00 bis 13:00 Uhr

Tipp: *Bei den Touristeninfos erhalten Sie auch (teilweise kostenloses) Kartenmaterial.*
Sie haben Fragen von zu Hause aus? Wenden Sie sich an die kroatische Zentrale für Tourismus in Deutschland / Stephanstraße 13 / 60313 Frankfurt am Main / Tel. 0049-69-2385350 / Fax 0049-69-23853520 / https://croatia.hr/de-de

Autofahren auf Cres und Lošinj

Falls Sie kontrolliert werden, benötigen Sie einen EU-Führerschein, Ihren Pass, den Kraftfahrzeugschein oder eine Mietwagenbescheinigung, den Kfz-Versicherungsnachweis (grüne Karte), und falls Sie ein fremdes Fahrzeug fahren, eine Vollmacht des Eigners. Mitgeführt werden müssen: Warndreieck, Verbandskasten, Ersatzglühbirnen und Warnweste.

Achtung: *Die Promillegrenze liegt bei 0.00 %!*

Desweitern gilt ganzjährige Lichtpflicht und Anschnallpflicht für alle Insassen. Kindersitz oder Sitzerhöhung für Kinder bis 5 Jahre sind vorgeschrieben. Kinder auf dem Vordersitz müssen mindestens zwölf Jahre alt sein. Jugendliche unter 18 Jahre dürfen nicht am Steuer sitzen!

Spikereifen sind verboten!

Für PKW gelten in Kroatien folgende Höchstgeschwindigkeiten: 50 km/h in geschlossenen Ortschaften. Auf Landstraßen 90 km/h, auf Landstraßen mit getrennten Fahrbahnen 110 km/h, auf Autobahnen 130 km/h.

Vorsicht, Unfallgefahr! Bei Regen ist auf Cres und Lošinj besondere Vorsicht und langsames Fahren geboten. Nach langer Trockenheit bildet sich auf den

Straßen, die nicht immer einen modernen, griffsichern Belag haben, ein Schmierfilm, und man kommt leicht ins Rutschen.

Die meist sehr engen Gässchen in den Ortschaften erfordern rücksichtsvolles Fahren und parken! Auch kleine Straßen, die von den Hauptverkehrsstraßen wegführen, sind manchmal so eng, dass man mit einem PKW gerade so durchpasst. Wer sich mit einem Camper auf solche Wege wagt, riskiert, stecken zu bleiben.

Die Benzinpreise sind im europäischen Vergleich günstiger als in der Schweiz und in Deutschland, mit Österreich liegen sie etwa gleichauf.

Anreise mit der Autofähre nach Cres und Lošinj

Reist man mit dem Auto über Triest an, fährt man von Opatija aus am besten nach Brestova weiter, um dort mit der Fähre nach Porozina überzusetzen. Porozina liegt sehr weit im Norden von Cres. Die Fähren verkehren stündlich, in Spitzenzeiten sogar alle 30 Minuten, die Fahrtdauer beträgt 20 Minuten. Von Porozina fährt man auf teilweise sehr engen Straßen durch wildromantische Eichenwälder bis hinunter in den Süden von Lošinj. Von Porozina nach Mali Lošinj muss man mit einer Fahrtzeit von 90 Minuten rechnen.

Fährt man über Slowenien nach Kroatien, bietet sich die Route über Krk an. Das ist unkomplizierter und schneller und für große Camping-Gespanne auch einfacher zu fahren. Vom Festland aus geht es zuerst auf eine imposante Stahlbetonbrücke. Sie besteht aus zwei Bögen, wovon der erste über den Tihi-Kanal auf die kleine, unbewohnte Insel Sv. Marco reicht. Der zweite, etwas kürzere Bogen, überspannt den Burni-Kanal und endet auf Krk. Insgesamt hat die Brücke eine Länge von 1,3 Kilometern und eine Höhe von 67 Metern. Als die Brücke1980 erbaut wurde, hieß sie noch 'Tito-Most' und war die weltweit größte ihrer Bauart. Erst siebzehn Jahre später wurde sie von der Wanxian Bridge in Chicago übertroffen. Die Brücke ist mautpflichtig. Man bezahlt jedoch nur, wenn man auf die Insel fährt, der Preis für die Rückfahrt ist bereits inbegriffen.

Ist man auf Krk, fährt man auf der N 102 Richtung Süden und biegt dann auf die N 104 nach Valbiska ab. Von dort setzt man nach Merag über. Dieser

Fährhafen liegt an der Ostküste von Cres, ein gutes Stück südlicher als Porozina. Die Fahrtdauer auf der Fähre beträgt 25 Minuten.

Fahrpläne finden Sie im Internet!

Anreise mit dem Katamaran

Wer vom Festland aus einen Ausflug auf die Inseln Cres oder Lošinj plant und sein Auto nicht mitnimmt, wird vermutlich mit dem Katamaran übersetzen, denn das geht schneller. Fahrpläne finden Sie im Internet!

Weitere Möglichkeiten

Wer kein Auto besitzt, kann mit dem Flugzeug nach Rijeka fliegen. Von dort fahren Busse von verschiedenen Anbietern nach Cres und Mali Lošinj.

Öffentliche Verkehrsmittel und Taxi

Der Inselbus

Abhängig von der Saison verkehren die Busse auf den Hauptrouten 10 bis 15 Mal pro Tag. An den Haltestellen, die immer an zentralen Plätzen liegen, informieren Infotafeln über die Abfahrzeiten. Die Fahrscheine kann man entweder direkt im Bus, bei den Tourist Agencies oder bei den offiziellen Touristeninfos kaufen. Kauft man sie beim Fahrer, sollte man darauf achten, dass er eine gedruckte Fahrkarte aus dem Ticketautomaten aushändigt.

Busbahnhöfe und Bushaltestellen gibt es auf Cres und Lošinj in folgenden Orten:

In Punta Križa unweit vom Hafen.
In Stadt Cres bei der INA Tankstelle – nicht weit von der Touristeninfo entfernt.
Martinščica - die Bushaltestelle liegt im Zentrum des Ortes.
Merag – nah beim Hafen.
Porozina - etwa 200 Meter vom Hafen entfernt.
In Sveti Petar und Vodice an der Straße.
In Osor auf der Hauptstraße in Höhe der Kirche.

In Mali Lošinj ist die Bushaltestelle bei der Polizeistation (siehe Artikel Parken).

In Veli Lošinj und in Poljana ist das etwas komplizierter – bitte fragen Sie im Hotel nach, man wird es Ihnen erklären.

In Artatore und In Ćunski ist die Bushaltestellen an der Hauptstraße.

In Sveti Jakov fährt der Bus neben der kleinen Kapelle ab.

In Nerezine fahren die Busse am Parkplatz unweit vom Hafen ab.

Ein Taxi bestellen

In Cres Tel.: +385 95-9216123 / +385 98-396428

In Lošinj Festnetz von 08:00 – 17:00 Uhr

Tel.: +385 (0) 21 785 559

Handy von 00:00 – 24:00 Uhr, +385 (0) 97 77 44 114

Fahrzeugvermietung

Fragen Sie hier nach - Tel.: +385 51/231 938 oder vergleichen Sie im Internet. Hier einige Firmen:

Cres: rentalcars / traumhaftes-kroatien

Lošinj: rentalcars / expedia

Cres und Lošinj mit Rollstuhl

Mit dem Rollstuhl Urlaub auf Cres und Lošinj zu machen ist nicht unmöglich, aber auch nicht einfach. Viele der Orte sind an einen steilen Hang gebaut, der Weg ins Zentrum führt auf schlechten Wegen oder über Stufen. Viele der Sand-, Kies- und Felsstrände sind auch mit Hilfe eines kräftigen Schiebers für Rollis nicht zu bewältigen. In diesem Sinne ist der Hinweis 'rollstuhlgerecht' gerade auf Campingplätzen oder Hotels, die am Hang liegen, mit Vorsicht zu genießen. Deshalb sollte man vor Buchung Kontakt mit dem Hotel/Campingplatz und der Touristeninformation aufnehmen, um herauszufinden, ob das Hotel/der Campingplatz an einem steilen Hang liegt und wie die Straßenverhältnisse und Fußwege zum Strand oder ins Zentrum sind.

Wer sich die Insel ansehen möchte, muss das mit dem eigenen Auto tun, denn die Busse sind nicht behindertengerecht ausgerüstet. Will man auch mal an einer der vielen Bootstouren teilnehmen, sollte man sich das Boot vor der Buchung ansehen. Zwar sind die Crewmitglieder gerne bereit, einem Rollstuhlfahrer an Bord zu helfen, doch dort ist die Bewegungsfreiheit meist sehr eingeschränkt. Kirchen, die man besichtigen möchte, sind grundsätzlich nur über Treppen zu erreichen. Manchmal sind es bloß zwei Stufen, manchmal zwanzig und mehr.

Die meisten größeren Küstenorte haben einen Hafen mit einer befestigten Mole. Da kann man auch mit dem Rollstuhl gemütlich fahren, auf den Terrassen der Kneipen und Restaurants sitzen, das Treiben beobachten – man sollte jedoch zuvor im Hotel zur Toilette gegangen sein.

Fazit: Wer einen kräftigen Helfer hat und bereit ist, Hindernisse hinzunehmen und auf einigen Komfort zu verzichten, der kann auf Cres und Lošinj einen interessanten Urlaub erleben.

Stadt Cres

Wenn Sie mit dem Rollstuhl Stadt Cres besuchen, parken Sie an der Marina. Von da gibt es keine Steigungen zu bewältigen und ist der gesamte Weg betoniert. Die Altstadt ist zum größten Teil ganz gut mit dem Rolli zu befahren, und auch unserem Rundgang kann man mit dem Rollstuhl folgen.

Das kleine Museum der Stadt, der Turm, die Kirchen und das Kloster sind für Innenbesichtigungen leider nicht geeignet. Der Wege zum 'Roten Leuchtturm' kann mit dem Rollstuhl zurückgelegt werden, der zum 'Grünen Leuchtturm' etwa zu zweidrittel.

Osor

Der Ort ist flach, von daher kein Problem für Rollstuhlfahrer. Allerdings sind die Gassen meist mit antiken Steinen gepflastert. Das ist schwieriges Gelände. Eine Besichtigung lohnt sich aber. Kirche und Museum sind nur über Stufen zu erreichen. Der Weg zur Klosterruine kann bewältigt werden.

Mali Lošinj

Die Gegend um den Hafen ist betoniert. Viele Straßenlokale bieten Platz auch für Rollstuhlfahrer ausreichend. Mit unserem Stadtrundgang ist jedoch leider bereits bei der Büste von Josip Kašman Schluss, denn danach geht es bergauf und kommen Treppen.

Das Apoxyomenos-Museum und alle anderen Sehenswürdigkeiten sind ebenfalls nicht barrierefrei. Wer Mali Lošinj besucht, sollte es der Atmosphäre am Hafen wegen tun.

Veli Lošinj

So schön dieser Ort ist – für Rollstuhlfahrer leider ungeeignet. Der hübsche Hafen liegt in einer Bucht, die von Hügeln umgeben ist. Die beste Möglichkeit hinunterzukommen wäre vom 'Vitality Hotel Punta' her. Doch auch dieser Weg ist für Rollstuhlfahrer relativ steil.

Tipp: *Orte wie Beli, Lubenice oder Valun sind mit Rollstuhl leider nicht zu bewältigen!*

Ausflüge mit dem Rollstuhl

Den Ausflug **'Filozići, der Strand von Porozina und die Gnome der Tramuntana'** möchten wir unseren Lesern im Rollstuhl ganz besonders ans Herz legen. Lesen Sie dazu auch den Artikel 'Die Tramuntana'. Wie oben beschrieben parken Sie an der Abzweigung nach Filozići. Der Weg vom Parkplatz durch den Wald bis Filozići ist geteert. Die knorrigen Eichen, die freilaufenden Schafe, die duftenden Kräuter und die Steine, die überall verstreut liegen, vermitteln einen guten Eindruck der urwüchsigen Tramuntana. In Filozići selbst können Sie zwar nicht in die kleinen Gassen des eigentlichen Dorfes, denn es liegt am Hang, und dort sind Treppen zu überwinden. Aber wenn Sie an der kleinen Kirche vorbei dem Schotterweg folgen, kommen Sie zu den Werkstätten einer Künstlerfamilie, die schöne und interessante Sachen aus Ton herstellt und sehen am Ende das baufällige Haus des einstigen Patrons. Ab der Kirche ist der Weg zwar nicht mehr betoniert und schwierig zu befahren, aber die Mühe lohnt sich, wenn man ein Auge für Details hat.

Auch ein Ausflug an die Bucht Koromačna bei Belej' (siehe Artikel weiter oben) könnte für Sie interessant sein. Wenn Sie durch den kleinen Ort Belej gefahren sind und bei der Gabelung an der Kapelle rechts abzweigen, kommen Sie (sofern die Schranke offen ist) mit dem Auto bis zur Bucht. Dort können Sie mit etwas Glück Geier beobachten, und über die kleine Slipanlage für Fischerbote vielleicht sogar ins Meer gelangen. Falls die Schranke nicht offen ist, bitten Sie doch im Dorf um Erlaubnis. Vielleicht erreichen Sie einen der Schäfer aus dem Dorf, die durch die Höhle 'Ovčarica' führen. Die können vermutlich weiterhelfen. Tel: +385-98-985-88-56 oder 385-51-524-102. Ein Besuch der Höhle fällt für Rollstuhlfahrer natürlich flach.

Barrierefreie Strände auf Cres und Lošinj

Strände mit der Auszeichnung 'Blauen Flagge' müssen über einen Strandabschnitt für Menschen mit Behinderung verfügen, der barrierefrei ausgestattet ist.

Mit der Blauen Flagge ausgezeichnet ist der Kiesstrand Slatina in Martinšćica, nahe am gleichnamigen Campingplatz. Ein dichter Pinienwald bietet natürlichen Schatten.

In Cres ist der Strand A/C Kovacine beim Autocamp Kovacine mit der Blauen Flagge ausgezeichnet.

In Mali Lošinj gibt es den Strand Poljana und den Stand Plaza Velizal, in Veli Lošinj den Strand Punta.

Bitte prüfen Sie vor Ihrer Anreise unbedingt (Anruf beim Hotel, Campingplatz, Touristeninfo), ob es eine Möglichkeit für Sie gibt, vom Hotel zu diesem Strand zu kommen!

Ansonsten sind Strände mit Stein oder betonierten Liegeflächen zu empfehlen, die einen Zugang von der Strandpromenade haben, wie zum Beispiel die

Strandpromenade von Stadt Cres. Hier besteht aber meist kein barrierefreier Zugang ins Meer.

Tipp: *Vergessen Sie nicht, für den Strand breite Reifen für den Rolli einzupacken und den Rolli salzwasserfest zu machen. Wenn Sie mit dem Rollstuhl im Wasser waren, muss er anschließend abgespült werden, um das Verrosten und Festbacken zu vermeiden. Wieder zu Hause sollte er generalgesäubert werden.*

Tauchen mit Behinderung – auch das ist möglich. Suchen Sie bereits im Vorfeld und von zu Hause aus nach einer Tauchbasis mit einem geeigneten erfahrenen Tauch-Betreuer. Meist haben nur große Tauchschulen die Berechtigung zum Tauchen mit bewegungseingeschränkten Personen. Diese Berechtigung sollte man sich zeigen und auch schriftlich bestätigen lassen, dass im Schadensfall Versicherungsschutz besteht.

Barrierefreie Unterkünfte

Das Hotel Bellevue in Mali Lošinj und das Vitality Hotel in Veli Lošinj sind barrierefrei. Auch der Campingplatz Kovacine hat Sanitäranlagen für Rollstuhlfahrer.

CAMPINGPLATZ KOVAČINE

Melin I/20 in 51557 Cres, Hrvatska / Tel. Rezeption: 00385 51-571423

Fax: 00 385 51-571086

Webseite: camp-kovacine.com

E-Mail: campkovacine@kovacine.com

Cres und Lošinj mit Hund

Haustiere benötigen einen EU-Pass mit gültiger Tollwutimpfung, der Hund muss gechipt sein, der Chip muss mit der Nummer im EU-Pass übereinstimmen.

Die Insulaner sind hundefreundlich, viele Hotels oder Campingplätze erlauben Haustiere. An den offiziellen Badestränden der Urlaubsorte sind Hunde und andere Haustiere meist jedoch nicht erlaubt. Für Urlaubsgäste mit Hund wurden aber vielerorts Hundestrände ausgewiesen. Auch an sogenannten 'Wilden Stränden' wird man Sie mit Ihrem Hund nicht wegschicken. Die vorgeschriebene Mindestentfernung zum offiziellen Badestrand beträgt 100 Meter. Diese Vorgaben werden nicht immer eingehalten. Wo sich niemand an Ihrem Vierbeiner stört, wird es vermutlich keine Probleme geben. Sollte Sie jemand mit Ihrem Hund wegschicken, müssen Sie das jedoch akzeptieren.

Folgende Regeln sind verbindlich: Die Hinterlassenschaften Ihres Tieres müssen beseitigt werden, Kottüten sind selbst mitzubringen. Es herrscht grundsätzlich Anleinpflicht. In öffentlichen Verkehrsmitteln muss Ihr Hund einen Maulkorb tragen, unabhängig von Größe und Rasse.

Tipp: *Sollte sich Ihr Hund gerne mit anderen Vierbeinern anlegen, buchen Sie nicht gerade eine Unterkunft in Stadt Cres, denn dort wimmelt es geradezu von Hunden.*

Für folgende Rassen gilt grundsätzliche Maulkorb-pflicht in ganz Kroatien: Dobermann, amerikanischer Staffordshire Terrier, Pitbull Terrier, Bullterrier, Dogge, deutscher und belgischer Schäferhund, Rott-weiler, japanischer Kampfhund, großer japanischer Spitz, Mastino, Bernhardiner und alle Kreuzungen mit diesen Hunden.

Im Allgemeinen steht einem Restaurantbesuch mit Ihrem Hund nichts im Wege. Die Kroaten sind tier-lieb, und in vielen Restaurants bekommt Ihr Hund eine Wasserschale angeboten. Aber auch hier gilt anleinen.

Empfehlenswert: Schadens-Notfallnummer Ihrer Hundeversicherung und Notiz mit der Chip-Num-mer, Halsband mit Namensanhänger (internationale Rufnummer) sollten Sie dabeihaben, ebenso Zecken-schutz, eventuell Medikamente und Kotbeutel. Falls Sie Bootstouren unternehmen wollen, eine Schwimmweste, für den Strand eine Strandmuschel, damit Ihr Hund im Schatten liegen kann.

Tipp: *Nehmen Sie genug von seinem gewohnten Fut-ter mit, denn möglicherweise bekommen Sie sein Futter auf Cres und Lošinj nicht. Und denken Sie an Wasser für unterwegs und den Strand.*

Auf diesem Campingplatz in Stadt Cres sind Hunde erlaubt:

CAMPINGPLATZ KOVAČINE

Melin I/20 in 51557 Cres, Hrvatska / Tel. Rezeption: 00385 51-571423

Fax: 00 385 51-571086

E-Mail: campkovacine@kovacine.com

Auch auf anderen Campingplätzen und in vielen Hotels. Bitte fragen Sie nach.

Falls Ihre Geldkarte verloren ging

Es gibt einen allgemeinen Sperr-Notruf, der aus dem In- und Ausland unter der Nummer (0049) 116 116 erreichbar ist. In Fällen, in denen der ausländische Telefonanbieter diese Nummer nicht verarbeiten kann, steht alternativ die 0049 3040504050 zur Verfügung. Sprach- oder Hörgeschädigte können unter der gleichen Nummer auch eine Sperrung per Fax veranlassen.

Speziell für Euro/Master Card sperren unter Telefon 0049-69-79331910 oder im Notfall als R-Gespräch 001-314-275-6690

Speziell für Visa sperren unter Tel. 800-819-014 oder im Notfall als R-Gespräch 001-303-967-1096

Schweizer wenden sich bei Verlust oder Diebstahl von Karten, Dokumenten oder Handys (SIM-Karte) oder bei Zwischenfällen rund um Autoschlüssel und -radios an die Telefonnummer +41 58 827 22 20 (24 Stunden).

Sperr-Notruf für Master Card (Schweiz) 0800 897 092

Österreicher wenden sich bei Verlust der Kreditkarte an folgende Telefonnummern:

Visa: +43 1171111-770
+43 1204 8800 Sperr-Notruf für EC-/Kreditkarten
Pay Life: +43 1717014500

Pannen- und Notfallhilfe der Automobilclubs

ADAC - bei Fahrzeugschaden: Telefon-icon.gif 0049 89 22 22 22
ADAC - bei Erkrankung und Verletzung: Telefon-icon.gif 0049 89 76 76 76

In vielen Urlaubsländern betreibt der ADAC eigene Notrufstationen mit deutschsprechenden Mitarbeitern. An diese werden Sie automatisch von der Zentrale in München weiterverbunden.

Auch für Gehörlose und Sprachbehinderte hat der ADAC einen Service eingerichtet: Unter Faxnummer 0049 8191 938 303, die auch per SMS vom Handy aus angewählt werden kann, ist rund um die Uhr schnelle Hilfe sichergestellt.

Falls Sie kein modernes Handy haben, müssen Sie folgende Nummer wählen:

D1 (T-Mobile) + 49 99 08191 938 303
D2 (Vodafone) + 49 99 08191 938 303
O2 (Viag Interkom) + 49 329 08191 938 303
E-Plus + 49 1551 08191 938 303

ÖAMTC - Tel: 0043 12512000 – Notruf und Rechtsberatung.

TCS - Dringende Assistance-Anfragen rund um die Uhr: Einsatzzentrale ETI / Chemin de Blandonnet 4 / CP 820 1214 Vernier
Tel: 0041 58 827 22 20 / Fax: 0041 58 827 50 12

E-Mail: eti@tcs.ch Bei einem medizinischen Notfall im Ausland unverzüglich die ETI Einsatzzentrale benachrichtigen!

Zeitumstellung und Klima

In Kroatien gilt die mitteleuropäische Zeit (MEZ). Wie in Deutschland, Österreich und der Schweiz werden Ende März die Uhren zur Sommerzeit um eine Stunde vorgestellt und Ende Oktober wieder zurückgestellt.

Mit bis zu 2500 Sonnenstunden pro Jahr - auf Cres etwas weniger als auf Lošinj - zählen die Inseln zu den sonnigsten Gegenden Europas. Es herrscht ein mäßig warmes mediterranes Regenklima, das typisch für die Kvarner Bucht ist. Man nennt dieses Klima auch 'Olivenklima'. Die Sommer sind trocken und mit ca. 30° C angenehm warm, im Herbst ist es auf den Inseln wunderbar mild. Im Winter fallen Niederschläge und sinken die Temperaturen auf etwa 6° C. An manchen Tagen und in manchen Gegenden kann es auch mal kälter werden und sogar schneien.

Auf der Insel Cres dominiert übers Jahr gesehen windiges Wetter. Herrscht dann doch einmal Windstille, nennen das die Insulaner 'bonaca'. Im Winter kann die Bora (kroatisch Bura), ein kalter und böiger Fallwind, Orkanstärke erreichen. Bora-Winde zählen zu den stärksten der Welt. Einzelne Böen bauen hier Spitzengeschwindigkeiten von bis zu 250 km/h auf. Sie entstehen, wenn sich die kältere kontinentale Luft mit der wärmeren über dem Meer vermischt. Auch der Schirokko, ein heißer Wüstenwind, fegt beizeiten über Cres und Lošinj hinweg.

Für Tapfere sind die Wassertemperaturen ab Mitte Mai warm genug zum Baden (ca. 20° C). Im Juli/August erreichen sie +/- 25° C. Auch im September lässt es sich im Meer noch aushalten. Im Winter sinken die Wassertemperaturen dann auf 10° C ab. Allgemein ist das Meer an sehr flach abfallenden Stränden wärmer.

Einkaufen und Souvenirs

Lebensmittel sind teilweise günstiger, teilweise aber auch teurer als in Deutschland oder Österreich. Man kauft sie in Supermärkten, die an größeren Ausfallstraßen liegen. Dort erhält man auch alles, was man sonst so benötigt. In den Ortschaften gibt es meist nur Obst- oder Tante-Emma-Läden. Wenn man

Schuhe oder Kleidung braucht, sollte man nach Mali Lošinj fahren.

Die Bestimmungen für die Rücknahme von Pfand-flaschen sind in ganz Kroatien, und damit auch auf den kroatischen Inseln, folgendermaßen: Für alle PET-Flaschen und Dosen, Glas-Bierflaschen, Milch und die 5-Liter Wasserflaschen, sowie Wein- und Schnapsflaschen sollte man bezahltes Pfand wieder zurückerhalten. Allerdings nur in den Läden, in denen man sie gekauft hat, <u>und gegen Vorlage des Kaufbons</u>.

In vielen Supermärkte, z.B. bei einigen Billa- oder Plodine-Märkten, gibt es im Geschäft neben einer

255

Tür einen Klingelknopf, den man drückt. Dort nimmt ein Mitarbeiter die Flaschen an, händigt im Gegenzug einen neuen Bon aus, den man dann an der Kasse abgibt. Gibt es so eine Rücknahmestation nicht, wie z.B. bei Lidl, fragt man eine VerkäuferIn oder die KassiererIn. Kaufland hat in den meisten Geschäften ein separates Häuschen zum Eintausch. Bei Plodine befindet sich meist vor dem eigentlichen Einkaufsbereich ein Automat, an dem man Kästen zurückgeben kann. Doch alles immer nur, wenn man den Einkaufsbon vorlegen und damit beweisen kann, dass man den Kasten (die Flaschen) in diesem Geschäft gekauft hat.

Doch Achtung! Kleineren Läden, die eine bestimmte Verkaufsfläche unterschreiten, nehmen nichts zurück, nicht einmal im Tausch! Sie scheinen dazu auch nicht verpflichtet zu sein, weil sie keine entsprechende Lagerfläche zur Verfügung haben.

Aber - leider gibt es auch in größeren Märkten hin- und wieder Problem mit der Rücknahme von Leergut. Einen leeren Kasten gegen einen vollen umtauschen ist zwar nie ein Problem, doch das Leergut abgeben und Geld zurückbekommen, kann schon mal schwierig sein. Vielleicht stellen sich manche VerkäuferInnen in der Hoffnung dumm, dass der Kunde das Leergut dann da lässt …

Wer reist, vor allem wenn er sich in südliche oder ehemalige Ostblockländer begibt, muss damit rechnen, dass nicht alles so funktioniert, wie er das bei uns gewöhnt ist. Dann nimmt man das am besten mit Humor.

An Souvenirs kann man in den Touristenort die üblichen Dinge wie T-Shirts, Badeschlappen oder Sonnenbrillen finden, ansonsten wird nicht viel angeboten. Beliebt sind Inselprodukte wie Schnäpse, Liköre, Salbei-Honig oder Brotaufstriche und vor allem das gute Olivenöl. Wenn Sie etwas Besonderes suchen, kaufen Sie in Lubenice im kleinen Schafsmuseum oder bei der jungen Kunstgewerblerin etwas Hübsches aus Filz oder bei der Künstlerfamilie in Filozići Masken und Gefäße aus Ton – greifen Sie zu, Sie werden nichts Besseres finden!

Allgemeine Feiertage

Es gibt dreizehn gesetzliche Feiertage, an denen die Geschäfte und Museen geschlossen sind und der Fährverkehr in der Regel eingeschränkt ist.

1. Januar Neujahrstag (Nova godina)

6. Januar Heilige Drei Könige (Sveta tri kralja)

8. April Ostermontag (Uskrsni blagdani)

1. Mai Tag der Arbeit (Praznik rada)

7. Juni Fronleichnam (Tijelovo)

22. Juni Tag des antifaschistischen Kampfes (Dan antifašističke borbe)

25. Juni Staatsfeiertag (Dan državnosti)

5. August Nationalfeiertag (Dan pobjede i domovinske zahvalnosti)

15. August Mariä Himmelfahrt (Velika Gospa)

8. Oktober Unabhängigkeitstag (Dan neovisnosti)

1. November Allerheiligen (Svi sveti)

25. Dezember 1. Weihnachtsfeiertag (Božić)

26. Dezember 2. Weihnachtsfeiertag (Blagdan svetog Stjepana)

Wasser und Strom

Die Infrastruktur der Inseln ist gut entwickelt. Es gibt keine Einschränkungen im Wasserverbrauch, man sollte jedoch sparsam mit Wasser umgehen, um den Wasserhaushalt des Vrana Sees zu 'schonen'. Das Leitungswasser in Kroatien unterliegt strengen Kontrollen und kann in allen Landesteilen bedenkenlos getrunken werden.

Netzspannung beträgt wie in Westeuropa 220 Volt Wechselspannung (Frequenz 50 Hz). Adapter für Steckdosen sind in Kroatien nicht notwendig, zweipolige Euro-Stecker sind Standard.

Post, Telefon und Internet

Telefon

Internationale Vorwahl für Kroatien – Festnetz 00385 / mobil +385
Festnetz 0049 International Deutschland / mobil +49
Festnetz 0043 International Österreich / mobil +43
Festnetz 0041 International Schweiz / mobil +41

Achtung: *Bei Gesprächen aus dem Ausland fällt die 0 der Ortsvorwahl weg! Bei Telefonaten innerhalb Kroatiens wird die Ortsvorwahl mit 0 gewählt.*

Öffentliche Telefonzellen können nur mit Telefonkarten benutzt werden, erhältlich in Postämtern, Tabakläden und Zeitungskiosken.

Post

Postämter sind an einem blaugelben Schild mit der Aufschrift HP zu erkennen. Dort erhält man Briefmarken (Poštanska Marka) und Telefonkarten und kann man auch Faxe verschicken. Die meisten Postämter haben an Werktagen von 7 bis 19 Uhr geöffnet, in kleineren Orten nur vormittags.

Portokosten für eine Postkarte sind etwas günstiger als für einen Brief. Briefmarken sind auch in Zeitungsläden, Souvenirshops und Hotels erhältlich.

Internet

Kostenlose Hotspots gibt es in vielen Hotels und an vielen Campingplätzen. Einige Tourismusagenturen bieten Internetplätze an.

Geld abheben

Seit dem 1.1.2023 bezahlt man auch in Kroatien nicht mehr mit Kuna, sondern mit Euro.

Bankautomaten, an denen Touristen mit der EC-Maestro-Card oder Kreditkarte Bargeld abheben können, gibt es in allen von Touristen stark frequentierten Orten. Ausländische Kreditkarten werden in den meisten Hotels, Tankstellen, größeren Restaurants und Geschäften akzeptiert.

Im Allgemeinen haben Banken wochentags von 7 bis 19 und an Samstagen von 7 bis 13 Uhr geöffnet.

Zoll/ Mehrwertsteuer

Zollfrei nach Kroatien eingeführt werden dürfen 200 Zigaretten, 1 Liter Spirituosen und 2 Liter Wein. Die gleichen Freimengen gelten bei der Ausfuhr nach Deutschland, Österreich und in die Schweiz. Wertvolle Gegenstände wie Tauchausrüstung, Boote und Kameraausrüstungen müssen bei der Einreise nach Kroatien deklariert werden.

Urlauber haben die Möglichkeit, sich beim Kauf teurerer Artikel die Mehrwertsteuer erstatten zu lassen.

Doch für die Steuer-Rückerstattung an der Grenze müssen Sie bei der Ausreise das vom Händler bestätigte Formular Tax cheque (Poreski ček) vorlegen.

Was tun im Notfall

Tipps, Telefonnummern und Adressen

Notruf: 112
Polizei: 192
Feuerwehr: 193
Arzt / Erste Hilfe: 194
Nationales Zentrum für Suche und Rettung auf See: 195
Seenotruf: 9155

Gut zu wissen: *Wählt man im Ausland mit einem deutschen Handy eine Nummer, wird man nicht in einem deutschen Netz registriert, sondern in dem des Landes, in dem man sich befindet. Das Handy bekommt dann eine temporäre, ausländische Nummer zugewiesen, auf die die deutsche Nummer umgeleitet wird. Bei abgehenden Anrufen wird die temporäre Nummer durch die deutsche Nummer ersetzt. All das passiert GSM- netzintern, der Kunde be-*

*kommt davon nichts mit. So kann er aber alle landes-
spezifischen Nummern wählen, auch gebührenfreie
Nummern oder Sonderrufnummern, die nur im je-
weiligen Land erreichbar sind. Das Anwählen einer
Notrufnummer wird demnach genauso gehandhabt
wie bei einem inländischen Handy.*

Botschaften

Die nächsten Botschaften sind in Zagreb, der Haupt-
stadt Kroatiens
Deutsche Botschaft – Tel.: 00385 1 6300 100, nur in
Notfällen 00385 9 8227 136
Österreichische Botschaft – Tel.: 01 4834 457
Schweizer Botschaft – Tel.: 01 4878 800

Im Krankheitsfall

Für Reisen nach Kroatien sind keine Impfungen vorgeschrieben.

Landesweit besteht das Übertragungsrisiko von
Lyme-Borreliose durch Zecken im Unterholz, deshalb
wird bei Wanderungen angeraten, sich mit entspre-
chender Kleidung und insektenabweisenden Sprays

zu schützen. Gewarnt wird auch vor Bissen der giftigen Hornotter, die warme Plätze wie Geröll- und Blockhalden oder Waldränder bevorzugt. Doch die Tiere sind scheu und verziehen sich sofort. Sollte es trotzdem zu einem Biss kommen, müssen Sie umgehend einen Arzt aufsuchen! Man erkennt die Hornotter an ihrem gedrungenen Körper mit kurzem Schwanz, dem auffälligen Zickzack- bzw. Rautenmuster, dem breit abgesetzten Kopf und einem kleinen Horn an der Schnauze. Alle anderen Schlangen, die es auf Cres und Lošinj gibt, sind ungiftig.

Die medizinischen Standards sind gut. In größeren Urlaubsorten findet man deutsch- oder englischsprechende Ärzte und Apotheker. Adressen erhält man bei den Touristeninformationen und Reiseveranstaltern sowie in Hotels.

Zwischen Deutschland und Kroatien besteht auf dem Gesundheitssektor ein Länderabkommen. Die meisten Ärzte rechnen über die Karten der Krankenkassen ab. Wenn nicht, müssen Sie die anfallenden Behandlungskosten in bar bezahlen und im Nachhinein mit Ihrer Krankenkasse abrechnen. Dasselbe gilt für

Hilfsmittel. Privat Versicherte, Schweizer und Österreicher sollten vor der Abreise prüfen, welche Leis-
tungen ihre Kasse im Ausland übernimmt.

Ambulanz in Stadt Cres

Adresse:Turion 26, Cres
Tel.: +385 51 571247 oder Tel.: +385 51 571214

So kommen Sie hin*: Hauptroute N 100, am Kreisverkehr nach Cres / Supermarkt abbiegen, nach 100 Metern auf der linken Seite.*

Ambulanz in Martinšćica

Adresse: Martinšćica 92
Tel.: +385 51 574 127

Bei Zahnproblemen: Tel.: +385 51 572216 oder
572217

Ambulanz in Mali Lošinj

Gesundheitszentrum Dr. Dinko Kozulić
Adresse: Priko 69, Tel.: +385 51-231824 oder +385
51-231205
Gynäkologie: + 385 51-233739

Chirurgie: + 385 98-425472

Zahnarzt: + 385 51-233731

Allgemeine Arztpraxis: + 385 51-233827

Ambulanz in Veli Lošinj

Adresse: Pojavori 27, Tel.: + 385 51-236185

Apotheken / Drogerien

Stadt Cres

Adresse: Trg Frane Petrica 4 (das ist am Hafen beim Uhrturm)

Tel.: +385 51-571243

Mali Lošinj

Adresse: Apotheke 'Pharmacy Snjezana Muškardin' Riva Lošinjskih kapetana bb (das ist direkt am Hafen, mit Blick aufs Meer rechts)

Telefon: +385 51 231 661

Drogerie 'Ijekarna Kaštel Farm' in Mali Lošinj

Adresse: Veloselska cesta 33 (Das ist an der Hauptstraße, zwischen Kreisverkehr und Abzweigung zur Polizei)

Telefon: +385 51 238 513

Tiermedizinische Ambulanzen

Cres

Adresse: Melin V 10

Tel: +385 51 – 571242

So kommen Sie hin: Am Kreisverkehr an der Hauptstraße N 100 nach Cres Richtung Campingplatz abbiegen. Am blauen Brückengeländer links Richtung Melin-Kimen. Am Turm vorbei. Nach dem Parkplatz die erste Möglichkeit rechts. Sie überqueren eine Straße, danach die nächste rechts, die nächste links, die nächste rechts und gleich wieder rechts.

Mali Lošinj

Adresse: Del Conte Giovanni 9-11

Tel.: +385 51-231973

Sie finden den Tierarzt am Hafen, hinter dem Fischmarkt.

Tierambulanz in Rijeka

Tel.: +385 51-345033 / mobil: 0912148822

Essen und Trinken

Vorab: Essen ist in Kroatien teurer als in Deutschland.

Ursprünglich waren Konobas Restaurants nach guter alter, dalmatinischer Tradition. Hier traf man sich, um Wein zu trinken, zu essen, zu diskutieren und zu singen. Teilweise (leider immer seltener) sind es auch heute noch Familienbetriebe, in denen die Frau des Hauses mit einheimischem Olivenöl und aromatischen Gewürzkräuter nach alten Rezepten kocht.

Die moderne Küche auf den Inseln ist unverkennbar von der italienischen beeinflusst. In Restaurants, Tavernen und Konobas bekommt man überall die typisch zubereiteten Fischgerichte und Meeresfrüchte, die allerdings nicht mehr unbedingt aus den eigenen Fischgründen stammen. Das Lammfleisch kommt von der Insel, auch der Schafskäse und der Räucherschinken. Auf den Tisch kommen in diesen traditionellen Konobas Calamari, Tintenfisch, Salzfische, Tunfisch, Polenta mit Brodetto (eine Art Fischeintopf) oder Gulasch, Wild, Hammel und Lammfleisch. Dazu Kartoffeln mit Mangold, Spargel, Pilzen oder Salat.

Ein typisches einheimisches Gericht ist Lammbraten unter der 'Peka' zubereitet. Das ist eine große, runde Deckelpfanne aus Eisen oder Ton. In die Pfanne, die in der Glut eines offenen Feuerst steht, kommen Fleisch, Gemüse, Kartoffeln und Kräuter. Dann wird der gewölbte Deckel aufgesetzt, und die gesamte Pfanne wird immer wieder mit neuer Glut bedeckt, bis der Inhalt gar ist. Wer die Peka gut zubereiten kann schafft es, dass das Fleisch innen zart und weich ist und außen eine Kruste hat.

In Kroatien ist es unter Einheimischen üblich, vor dem Essen zu getrockneten Feigen einen Kräuterschnaps (Travarica) oder verschiedene andere

Schnäpse (rakija) zu reichen. Zum Essen wird meistens Wein oder Weinschorle (Bevanda) getrunken. Biertrinker haben die Wahl zwischen kroatischen Sorten wie Karlovačko oder Velebitsko und internationalen Marken. Die bayerische Schlossbrauerei Kaltenberg unterhält eine Niederlassung in Split.

In Restaurants gibt man bei gutem Service ein Trinkgeld von etwa 10 Prozent des Rechnungsbetrags. Auch Angestellte in Hotels und Zimmermädchen wissen ein Trinkgeld zu schätzen und Taxifahrer freuen sich, wenn der Gast den Fahrpreis aufrundet.

Bootfahren, Angeln und Tauchen

Entlang der Inselküste kann man schöne Ausflüge unternehmen. Ein Bootsführerschein ist jedoch zwingend notwendig! Es wird kontrolliert, die Strafen sind hoch, und bei einem Unfall bezahlt bei Fahren ohne Schein keine Versicherung.

Zum Angeln benötigen Sie in Kroatien eine Lizenz. Man bekommt eine Ein- oder Dreitageskarte zum Angeln vom Land aus oder zum Thun- oder Schwertfischangeln vom Boot aus bei allen Tourismus-Agenturen (nicht zu verwechseln mit Touristeninfos!)

Wer frei tauchen will, muss eine Tauchlizenz erwerben (ca.15 Euro). Es lohnt sich, denn die Unterwasserlandschaft vor Cres und Lošinj mit vielen Tier- und Pflanzenarten, Riffen, Höhlen und Schiffswracks ist beeindruckend. Beliebte Tauchplätze befinden sich westlich der Inseln, dort liegen die Schiffwracks der 'Lina', der 'Vis', der 'Tihany' oder das Wrack der 'TA 36', einem Torpedozerstörer aus dem Zweiten Weltkrieg.

Das Taucherzentrum von Stadt Cres (österreichische Leitung) hat einen sehr guten Ruf

In Mali Lošinj gibt es ein Taucherzentrum in Cikat – und eines am kleinen Hafen in der Bucht St. Martin -

Die wichtigsten Vokabeln

Das kroatische Alphabet: a, b, c, ć, č, d, dž¬, đ, e, f, g, h, i, j, k, l, lj, m, n, nj, o, p, r, s, š, t, u, v, z, ž

Die Aussprache:

a wie in hatte oder parat
e wie in Kette
i wie in biete
o wie in Hose
u wie in Mut

Konsonanten (suglasnici):

c wie tz in Katze
ć wie tch in Tütchen
č wie tsch in Tschechien
đ wie dsch in Dschungel
g wie in Lage
h wird immer kurz ausgesprochen, wie in Hand oder Ehe
j wie in ja
lj ist immer ein Laut und wird also auch zusammen-gesprochen, etwa wie in Pavillion
r wird gerollt, wie es die Franken so schön können – Frrranken

š wird scharf gesprochen, wie in Straße

s wie sch in schön

z weiches s wie in Eisen

ž wie j in Jammer

v ähnlich wie W, wie in Vase

b, d, f, k, l, m, n, p, t, werden wie im Deutschen ausgesprochen

Zahlen (brojevi) – in Klammern Lautschrift:

0 – nula(nulla)

1 – jedan(jedann)

2 – dva(dwa)

3 – tri(trri)

4 – cetiri(tschetrri)

5 – pet(peet)

6 – sest(schest)

7 – sedam(seddam)

8 – osam(ossam)

9 – devet(dewwet)

10 – deset(dessett)

11 – jedanaest(jeddanajst)

12 – dvanaest(dwanajst)

13 – trinaest(trinajst)

14 – Cetrnaest(tschetrnajst)

15 – petnaest(pettnajst)

16 – sesnaest(schesnajst)

17 – sedamnaest (sedammnajst)

18 – osamnaest (ossamnajst)

19 – devetnaest (dewwettnajst)

20 – dvadeset(dwadesseet)

30 – trideset(tridesseet)

40 – cetrdeset(tschetrdeseet)

50 – pedeset(pedesseet)

60 – sezdeset(schestesseet)

70 – sedamdeset (seddammdesseet)

80 – osamdeset (ossamdesseet)

90 – devedesett (dewwetdesseet)

100 – sto(ssto)

101 - sto jedann (ssto – jedan) usw.

200 - dvije stotine (dwijesstottinne) usw.

1000 – tisuća(tissutscha)

eine Million wird ausgesprochen wie im Deutschen

Anrede – Oslovljavanje

Herr – gospodin(gosspoddinn)

Frau – gospodja(gosspdja)

Fräulein – gospodjica(gospodjizza)

Grüße – Pozdravi (posdrawi)

Guten Morgen - Dobro jutro! (dobbrro juttrro)

Guten Tag! - Dobar dan! (dobbarr dan)

Guten Abend! - Dobra večer! (dobbra wetscherr)
Gute Nacht! - Laku noć!(laku notsch)
Hallo! - Bog!(boog)
Auf Wiedersehen! - Dovidenja! (dowidjenja)
Prost! - Živio!(schiwijo)

Zeiteinteilung, Wochentage, Monate

Tag – dan
Woche – tjedan
Monat – mjesec
Jahr – godina
heute – danas
gestern – jučer
morgen – sutra
12 Uhr mittags – podne
Nachmittag – popdne
Abend – večer
Nacht – noć
Mitternacht – ponoć
heute Abend – večeras
Wochentage – Dani
Montag – ponedjeljak
Dienstag – utorak
Mittwoch – srijeda
Donnerstag – četvrtak
Freitag – petak

Samstag – subota
Sonntag – nedjelja
Monate – Mjeseci
Januar – siječanj
Februar – veljača
März – ozujak
April – travanj
Mai – svibanj
Juni – lipanj
Juli – srpanj
August – kolovoz
September – rujan
Oktober – listopad
November – studeni
Dezember - prosinac

Notfall
Notdienste - Hitne službe
Notarzt - kola hitne pomoći
Polizei – policija
Polizeistation - policijska stanica
Feuerwehr – vatrogasci
Reisebüro - turistički ured
Ärztliche Behandlung – Liječenje:
Arzt – lijecnik
Zahnarzt – zubar

Krankenhaus – bolnica – bolest
Medikament – lijek
Tablette – pilula
Salbe – mast
Injektion – injekcija
ansteckend – zarazan
Thermometer – toplomjer
Krankheitssymptome - simptomi bolesti

Richtung

links – lijevo
rechts – desno
geradeaus – ravno
nächster/e/s – slijedeći

Einkaufen – Kupovina

Laden, Geschäft – trgovina
Preis – cijena
Nahrungsmittel -zivezne namirnice
Spielzeug – igračke
Geschäfte – prodavaonice:
Apotheke – ljekarna
Metzgerei – mesnica
Gemischtwarenladen - mjesovita roba
Bäckerei – pekarnica
Fischgeschäft – ribarnica

Kaufhaus - robna kuca

Kiosk – trafika

Friseur - frizer

Kleidungsstücke

Hemd – košulja

Krawatte – kravata

Hose – hlaće

Kleid – haljina

Rock – suknja

Hut – šešir / Mütze – Kapa

Socken – čarape

Wäsche – rublje

Gürtel – pojas

Handtasche – torbica

Schuhe – obuća

Leder – koža

Wolle – vuna

Baumwolle – pamuk

Seide – svila

Diverse Lebensmittel

Wasser – voda

Salat – salata

Brot – kruh

Zucker – šećer

Frühstück – doručak

Kaffee – kava

Tee – ćaj

Milch – mlijeko

Ei – jaje

Fisch – riba

Fleischgerichte - mesna jela

Geflügel – perad

Wild – divljač

Salz – sol

Gewürze – začini

Gemüse – povrće

Beilagen – prilozi

Saucen – umaci

Früchte – voće

Süßigkeiten, Desserts – slatko

Getränke – pica

Vermischtes - Razni pojmovi

In der Gaststätte

Reserviert - Rezervirano

Offen – Otvoreno

Geschlossen – Zatvoreno

Nichtraucher – Nepušači

Vorsicht, Achtung – Oprez

Toilette - nužnik - WC

Kellner – konobar / Kellnerin – konobarica

Betrag, Summe – iznos

Quittung – potvrda

Rechnung – račun

bezahlen – platiti

Beschwerden – prigovori

Selbstbedienung – samoposluživanje

Restaurant – Restoran

Bestellung – narudzba

Am Tisch

Gedeck – prostirak

Serviette – ubrus

Glas – čaša

Krug – vrc

Teller – tanjur

Löffel – žlica

Gabel – vilica

Messer – nož

Unterkunft

Zimmer zu vermieten - Soba se izdaje

Hotel – hotel

Pension – pension

Rezeption – recepcija

Lift, Aufzug – dizalo

Kurtaxe - boravisna taksa

ein Zimmer buchen/ reservieren - rezervirati sobu

Zimmermädchen – sobarica

Zimmer – soba

Suite – apartman

Schlafzimmer - spavaća soba

Wohnzimmer - dnevna soba

Küche – kuhinja

Toilette – nužnik

Dusche – tuš

Zentralheizung - centralno grijanje

Balkon – balkon

Schlüssel – ključ

Bett – krevet

Kissen – jastuk

Decke – pokrivač

Schrank - ormar

Reisen

Zug – vlak

Bahnhof - kolodvor

Gleis – peron

Schnellzug – brzi

Fahrkartenschalter – biljetarnica

Fahrkarte - vozna karta

Rückfahrkarte – povratna

Fahrpreis - cijena karte

Fahrplan - red vožnje

Verbindung – veza

Ankunft – dolazak

Abfahrt – polazak

Platz – sjediste

Koffer, Reisetasche - putna torba

Besatzung – posada

Kapitän – kapetan

Schiff – brod

Meer – more

Kabine – kabina

an Bord gehen - ukrcati se

von Bord gehen - iskrcati se

Deck – paluba

Boot – čamac

Fähre – trajekt

Küste – obala

Festland – kopno

Hafen – luka

Rettungsring - pojas za spasavanje

Pilot – pilot

Flugzeug – avion

Jet - mlazni avion

fliegen – letjeti

landen - sletjeti

abfliegen, abheben – poletjeti

Auto – automobil

Straße – cesta

Autobahn – autoput

Tankstelle - benzinska stanica

Benzin – gorivo

Motoröl - motorno ulje

das Auto waschen - oprati automobil

Garage – garaža

verboten - zabranjeno

Geld - novac

Bank – Banka

Wechselstube – Mjenjacnica

Ich möchte Geld wechseln - Zelim promijeniti novac

Bargeld – gotovina

Münze – kovanica

Währung – valuta

auszahlen – isplatiti

Wert – vrijednost

Reiseschecks - putnički ček

Postamt – posta

Brief – pismo

Postkarte – razglednica

Briefmarke – marka

Telefon – telefon
anrufen, telefonieren – telefonirati
Telefonzelle – govornica
(Telefon)hörer – slušalica
Ortsgespräche - mjesni razgovori
Ferngespräche - medjumjesni razgovori
Inlandsgespräche - tuzemni razgovori
Auslandsgespräche - inozemni razgovori

Verwandtschaftsverhältnisse
verheiratet – oženjen
Mädchen - djevojka, djevojcica
Junge - mladić, dječak
Frau – žena
Mann – muškarac
Eltern – roditelji
Vater – otac
Mutter – majka
Kind – dijete
Sohn – sin
Tochter – kći
Bruder – brat
Ehemann – suprug

Am Strand - Na plazi
Sandstrand - pjesčana plaza

Meer – more
Kieselstrand – šljunak
Felsen – stijene
Sonne – sunce
Sonnenbrand – opekline
Sonnenstich – sunčanica
schwimmen – plivati
tauchen – roniti
rudern – veslati
Badeanzug - kupaći kostim
Handtuch – ručnik

Mehr aus unserem Verlag

Reiseführer

Kreuzfahrt Madeira und Kanaren –

ISBN Buch: 978-3-946280-26-2

ISBN E-Book: 978-3-946280-34-7 / ASIN: B01F3STFFE

Cres und Losinj -

ISBN Buch: 978-3-946280-54-5

ISBN E-Book: 978-3-946280-53-8 / ASIN: B07B8NRDL2

Krk –

ISBN Buch: 978-3-946280-17-0

ISBN E-Book: 978-3-946280-12-5 / ASIN: B017WDI53G

Amsterdam –

ISBN Buch: 978-3-946280-21-7

ISBN E-Book: 978-3-946280-04-0 / ASIN: B015WKTX8W

Avignon -

ISBN Buch: 978-3-946280-49-1

ISBN E-Book: 978-3-946280-48-4 / ASIN: B074C61QS5

Nürnberg -

ISBN Buch: 978-3-946280-18-7

ISBN E-Book: 978-3-946280-00-2 / ASIN: B015WKTUNU

München –

ISBN Buch: 978-3-946280-28-6

ISBN E-Book: 978-3-946280-29-3 / ASIN: B01NH9HJPM

Salzburg -

ISBN Buch: 978-3-946280-24-8

ISBN E-Book: 13: 9783946280019 / ASIN: B0158B5ZC8

Kopenhagen -

ISBN Buch: 978-3-946280-25-5

ISBN E-Book: 978-3-946280-03-3 / ASIN: B015D045U2

Danzig -

ISBN Buch: 978-3-946280-23-1

ISBN E-Book: 978-3-946280-06-4 / ASIN: B015WKTRA6

Sevilla –

ISBN Buch: 978-3-946280-22-4

ISBN E-Book: 978-3-946280-09-5 / ASIN: B015WKTK8K

Prag –

ISBN Buch: 978-3-946280-20-0

ISBN E-Book: 978-3-946280-08-8 / ASIN: B015WKTUNU

Trier –

ISBN Buch: 978-3-946280-36-1

ISBN E-Book: 978-3-946280-35-4 / ASIN: B01IDCGDES

Venedig -
ISBN Buch: 978-3-946280-19-4
ISBN E-Book: 978-3-946280-10-1 / ASIN: B015WKU1I8

Radreisen-Ratgeber

Radreisen – Alles was Sie wissen müssen
ISBN Buch: 978-3-946280-62-0
ISBN E-Book: 978-3-946280-61-3 / ASIN: B0848HM8WC

Weser – Elbe – Weser-Harz-Heide -
Drei Radfernwege zu einer Radreise zusammengefasst
Buch: 978-3-946280-67-5
E-Book ISBN: 978-3-946280-66-8 / ASIN : B08RYYVDRN

Der Innradweg auf zwei Rädern und vier Pfoten –
ein heiterer Erlebnisbericht mit vielen praktischen
Reisetipps für Mensch und Hund
ISBN E-Book: 978-3-946280-44-6 / ASIN: B01MS9LNHO

Ratgeber Lebenshilfe

Von Trennung, Tod und Trauer
ISBN Buch: 978-3-946280-32-3
ISBN E-Book: 978-3-946280-02-6 / ASIN: B015D045U2

Angst überwinden und stark sein

ISBN Buch: 978-3-946280-31-6

ISBN E-Book: 978-3-946280-05-7 / ASIN: B015WKTRYW

So finde ich mein Glück

ISBN Buch: 978-3-946280-30-9

ISBN E-Book: 978-3-946280-07-1 / ASIN: B015WKTWRY

‚Lesefutter' aus unserem Verlag

Oje, du fröhliche … - Friederike Costa

Vierzehn Weihnachtsgeschichten

ISBN E-Book: 978-3-946280-16-3 / ASIN: B018UJZF8E

Perle aus der Hundefabrik - Angeline Bauer

Acht berührende Hundegeschichten

ISBN E-Book: 978-3-946280-74-3

ISBN Buch: 978-3-946280-75-0 / ASIN: B0BKH23GK9

Mord mit Herz - Ronda Hendrikus

Acht Ladykrimis für zwischendurch

ISBN E-Book: 978-3-946280-13-2 / ASIN: B0182GC8JY

Verlorene Töchter - Ronda Hendrikus

Sieben Ladykrimis für zwischendurch

ISBN E-Book: 9783946280415 / ASIN: B01MSY9JRO

Cognac mit Schuss - Ronda Hendrikus

Acht Ladykrimis für zwischendurch

ISBN E-Book: 978-3-946280-15-6 / ASIN: B018K9SH16

Geliebter Mörder - Ronda Hendrikus

Sieben Ladykrimis für zwischendurch

ISBN E-Book: 978-3-946280-14-9 / ASIN: B018K9SV76

Seine letzte Bahnfahrt - Ronda Hendrikus

Neun Ladykrimis Ladykrimis für zwischendurch

ISBN E-Book 978-3-946280-63-7 / ASIN: B088HGHVB6

Oma, hast du Strapse? - Friederike Costa

18 Kurzgeschichten für Frauen im besten Alter

ISBN E-Book: 978-3-946280-37-8 / ASIN: B01LF7QIWK

Liebe süß und scharf – Friederike Costa

13 Kurzgeschichten mit Rezepten

ISBN E-Book: 9783946280422 / ASIN: B01N7K6FQN

Im Feuer der Liebe – Lina-Sophia Clement

Historischer Liebesroman

ISBN E-Book: 978-3-946280-52-1 / ASIN: B075CMT4X8

Die Liebe einer Königin – Lina-Sophia Clement

Acht historische Kurzromane

ISBN E-Book: 978-3-946280-55-2 / ASIN: B07CK7MSVT

Schokolade für die Liebe – Lina-Sophia Clement
Sieben historische Kurzromane
ISBN E-Book: 978-3-946280-56-9 / ASIN: B07F6XZ7KF

Tausend Sterne über der Wüste – Lina-Sophia Clement
Acht historische Kurzromane
ISBN E-Book: 978-3-946280-57-6 / ASIN: B07K6JDNNL

Die Tanztruppe vom dritten Stern rechts
Angeline Bauer
Jugendbuch – Ballett
ISBN Buch: 978-3-946280-73-6
ISBN E-Book: 978-3-946280-72-9 / ASIN: B0B8VSRR31

Die Holunderküche -
ISBN Buch: 978-3-946280-40-8
ISBN E-Book: 978-3-946280-11-8 / ASIN: B017WCDE1

Können Igel fliegen?
Alles, was Kinder über Igel wissen wollen
ISBN E-Book 978-3-946280-68-2
ISBN Buch 978-3-946280-69-9 / ASIN:B094NGBW6J

Literaturpreis Grassauer Deichelbohrer
33 Kurzgeschichten zum Thema NÄHE
Buch   - ISBN 978-3-946280-60-6
E-Book - ISBN 978-3-946280-59-0 / ASIN: B07YVD2K2P

Literaturpreis Grassauer Deichelbohrer
30 Kurzgeschichten zum Thema GEHEIMNIS
ISBN Buch: 978-3-946280-65-1
ISBN E-Book: 978-3-946280-64-4 / ASIN : B08JZC34M1

Und mehr - unter www.by-arp.de